La guerra en Europa:
del Renacimiento a Napoleón

Alessandro Barbero

La guerra en Europa: del Renacimiento a Napoleón

Traducción de Pepa Linares

Alianza editorial
El libro de bolsillo

Título original: *La guerra in Europa
dal Rinascimento a Napoleone*

Diseño de colección: Estrada Design
Diseño de cubierta: Manuel Estrada
Ilustración de cubierta: © García Pelayo Á./Anaya

PAPEL DE FIBRA
CERTIFICADA

© 2003 by Carocci editore, Roma
© de la traducción: Pepa Linares, 2025
© Alianza Editorial, S. A., 2025
    Calle Valentín Beato, 21
    28037 Madrid
    www.alianzaeditorial.es

ISBN: 978-84-1148-999-7
Depósito legal: M-3401-2025
Printed in Spain

Si quiere recibir información periódica sobre las novedades de Alianza Editorial, envíe
un correo electrónico a la dirección: alianzaeditorial@anaya.es

Índice

1. La guerra a finales de la Edad Media

Introducción

Nuestro tratado comienza con el examen de la guerra tal y como se hacía en la Europa de finales de la Edad Media, que es, en lo esencial, la época de la guerra de los Cien Años (1337-1453) y también la época clásica de las compañías mercenarias italianas. Si hemos elegido este punto de partida no ha sido por respetar las divisiones cronológicas tradicionales, puesto que los historiadores actuales saben que el concepto de Edad Media es ilusorio, ya que abarca un periodo larguísimo en el que se produjeron cambios enormes. Y esto vale también para el modo de hacer la guerra, que en los siglos que aquí nos interesan era completamente distinto al modo en que se hacía, digamos, en tiempos de Carlomagno o en la época feudal. Por tanto, si hablamos de «finales de la Edad Media» es solo por comodidad, para referirnos a la época que va de mediados del siglo XIV a mediados del siglo XV. Y si partimos de ese punto es porque en aquel tiempo la guerra presentaba características propias que deben conocerse para entender las transformaciones introducidas con posterioridad, desde el Renacimiento hasta Napoleón.

Entonces, ¿qué es lo que caracterizaba el modo de hacer la guerra en la Europa de los siglos XIV y XV? Ante todo, que se había convertido en un asunto exclusivo del Estado y que así iba a mantenerse hasta hace muy poco tiempo. La situación había sido muy distinta en la época feudal, es decir, *grosso modo* durante los siglos que están a caballo del año mil. En aquellos tiempos la guerra era cosa de la nobleza militar, de los señores armados que gobernaban los campos y que, con sus escuadras de caballeros, no dudaban en resolver los litigios combatiéndose los unos a los otros. Era una guerra a pequeña escala, que involucraba a unos cuantos centenares de hombres, en un ámbito puramente local y por una duración de pocos días; se luchaba, tal vez, para ampliar los límites de la señoría o por la posesión de un molino o de una casa fuerte, pero era un fenómeno omnipresente y hasta endémico en la totalidad del territorio europeo, cuyo rastro se dejaba sentir por todas partes en la vida cotidiana. Cierto, en la época feudal también era posible que un rey reuniera un ejército de mayor tamaño para enfrentarse a otro rey, pero incluso en tales casos se trataba de operaciones locales, de breve duración y con ejércitos que raramente contaban con más de un millar de caballeros.

La situación cambió en los siglos XIV y XV. Y cambió porque los reyes gobernaban ya conjuntos administrativos de una cierta complejidad, disponían de grandes recursos financieros y estaban en condiciones de poner en el campo ejércitos más importantes y de proyectar campañas de mayor alcance, mientras que los nobles locales habían visto reducirse sus espacios de autonomía y la guerra entre vecinos se había convertido en una opción cada vez menos útil para resolver las controversias privadas. Hablamos, claro está, de los reyes, porque la inmensa mayoría de la población europea era súbdita de un rey, pero lo mismo vale para aquellas zonas del centro y del norte de Italia, donde el bloque estatal se establecía en torno a un gobierno comunal, es decir, donde era una ciudad dominante la que controlaba el territorio, distribuía la población y monopolizaba el empleo de la fuerza. Por otra parte, en todo nuestro recorrido, más que las diferencias entre los regímenes monárquicos del otro lado de los Alpes (y del sur italiano) y los comunales de la Italia del centro y el norte, intentaremos destacar los numerosos aspectos comunes, acentuados, además, por el hecho de que, en esta época, como Milán primero con los Visconti y luego con los Sforza, muchos dominios ciudadanos cayeron bajo la autoridad de un tirano que se transformaba en príncipe, es decir, casi en un pequeño rey.

Así pues, nuestro punto de partida es esa época de la historia de Europa en que la guerra, después de haber sido durante siglos una realidad local, extendida y privada, se convierte en un asunto público, monopolizado por el Estado. La consolidación del Estado y los cambios en el modo de hacer la guerra fueron de la mano durante los siglos XIV y XV, y hasta podría decirse que la una no resulta comprensible sin los otros. En efecto, tanto el aumento de los recursos que el Estado conseguía de la sociedad, imponiéndole una fiscalidad cada día más gravosa, como la mayor articulación del esfuerzo administrativo de las burocracias estatales, parecían destinados muchas veces, antes que a otros fines, a crear las condiciones para que los gobiernos pudieran hacer la guerra con mayor eficacia.

Pero cabe añadir que, precisamente porque podían destinar a la guerra unos recursos de tanta importancia, los gobiernos de la época estaban cada vez más dispuestos a hacerla, y a hacerla a una escala mayor. En los siglos feudales, cuando la violencia de los señores era omnipresente en el terreno local, los reyes se hacían la guerra entre sí solo raramente y con una expectativa casi religiosa, como si se sometieran a un juicio de Dios. Pero en los siglos XIV y XV, al tiempo que era menos frecuente ver a un rey en persona a la cabeza de sus ejércitos, la guerra se hacía casi ininterrumpidamente.

La historia de esta época está atravesada por una continua sucesión de conflictos de amplia escala y de larga, a veces larguísima, duración. La guerra de los Cien Años en Francia; la guerra de las Dos Rosas en Inglaterra; las guerras entre el ducado de Milán y la república de Venecia, y las de Florencia y el papa, en Italia; el enfrentamiento de los Anjou y los aragoneses en el Mediterráneo; las guerras marítimas entre Génova y Venecia; las guerras de expansión de los duques de Borgoña en Francia y en Flandes, y de los reyes de Inglaterra en Escocia; las guerras dinásticas y la Reconquista contra los musulmanes en España; las guerras de los husitas en Bohemia; las guerras de la Orden Teutónica con Polonia, Rusia y Lituania; y el avance de los turcos otomanos en los Balcanes, son solo los conflictos más importantes que asolaron gran parte de Europa en el espacio de poco más de un siglo, lo que ha llevado a pensar a los historiadores que se trató de una época de crisis gravísima, casi del ocaso de una civilización. Sin embargo, es una impresión unilateral, que hace ya tiempo se ha revisado como es debido. Quien ha vivido en el siglo XX sabe bien que una época puede caracterizarse por guerras espantosamente atroces y al mismo tiempo por un enorme progreso tecnológico y por la mayor extensión del bienestar. Un diagnóstico que puede aplicarse perfectamente a los siglos XIV y XV.

Armamento y táctica

La hegemonía del caballero con armadura

La esencia de la guerra es siempre, de una u otra forma, el combate. Tanto la estrategia como el reclutamiento y la organización de los ejércitos dependen del tipo de combate que debían afrontar; por tanto, nuestro análisis ha de partir del armamento y del modo de combatir típicos de la Europa de los siglos XIV y XV. Para un gobierno de la época, poner un ejército en el campo significaba ante todo reclutar caballeros con armadura, provistos de lanza y espada. Naturalmente, a ellos se sumaban combatientes de otro género, tanto infantes como ballesteros o arqueros a caballo; es más, veremos que el propio caballero se concebía como el jefe de una escuadra integrada por combatientes de distintas especialidades, pero el elemento predominante de todo ejército era siempre la caballería. El tratado de Rivoltella, firmado en 1448, establecía que Venecia ayudara a Francesco Sforza en su lucha por adueñarse de Milán proporcionándole de inmediato cuatro mil caballos y dos mil infantes, además de otros dos mil caballos en el plazo de un mes; y cada vez que nos informamos sobre un ejército vemos que los caballeros son más numerosos que los infantes o, a lo sumo, iguales en número.

Importa insistir en este predominio de la caballería, que se prolongó hasta finales del siglo XV tanto en los campos de batalla de los condotieros italianos como en los de la guerra de los Cien Años. En efecto, la historiografía militar ha enfatizado con demasiada frecuencia la importancia de algunas batallas ganadas por la infantería de a pie contra ejércitos de caballeros, como si marcara el fin de la caballería medieval, un papel que se ha atribuido de vez en cuando a la batalla de Courtrai (1302), ganada por los burgueses flamencos a la caballería del rey de Francia, o a las grandes victorias inglesas de la guerra de los Cien Años, Crécy (1346), Poitiers (1356), Azincourt (1415), debidas en gran parte a la participación de los arqueros armados de arco largo. Pero, en realidad, se trató de episodios aislados, aunque sonadísimos, que, más que determinar su decadencia, estimularon la evolución táctica y tecnológica de la caballería.

Esta evolución técnica se refiere sobre todo a la armadura. El siglo XV asistió a la consolidación definitiva de la armadura de placas de hierro construida con técnicas sofisticadas, en las que destacaban los artesanos milaneses y alemanes. Son las mismas que todavía vemos hoy en un gran número de museos y armerías, aunque conviene advertir que la gran mayoría de las conservadas es posterior a 1450 y suele pertenecer a los siglos XVI y XVII. Confeccionada con numerosas piezas articuladas para cubrir por entero el cuerpo del combatiente, incluidas las junturas, la armadura se había hecho también más ligera gracias al progreso de la metalurgia. La imagen popular del caballero encerrado en una armadura tan pesada que necesita un elevador para montar a caballo vale, a lo sumo, para las armaduras de los torneos, que estaban especialmente reforzadas y eran estructuralmente distintas a las de guerra. Estas últimas distribuían por todo el cuerpo un peso de unos cuarenta kilos, considerable, sí, pero no superior al equipamiento completo de un *marine* de nuestra época architecnológica. En cuanto a la evolución táctica de la caballería, puede resumirse en la invención de la «lanza». Se llamaba así la unidad militar dirigida por un caballero con armamento pesado, llamado por lo común «hombre de armas», y que comprendía un cierto número de combatientes auxiliares. La composición de la lanza podía variar de un país a otro, pero durante el siglo XV tendió a reforzarse en todos los lugares. Hacia mediados de siglo, la lanza comprendía tres hombre a caballo, es decir, un hombre de armas, un vasallo capaz de hacer de combatiente auxiliar y otro vasallo o paje, por lo general desarmado. El primero, con armadura completa, montaba un caballo de guerra o un rocín, mientras que el tercero cabalgaba siempre sobre un animal de poco valor. Más adelante, la lanza llegaría a comprender seis o siete hombres: además del hombre de armas, un caballero con armamento ligero, dos o tres vasallos, y finalmente, sobre todo fuera de Italia, un par de arqueros o ballesteros, que se trasladaban a caballo, aunque desmontaban para combatir.

La organización en lanzas fue universal en los ejércitos del siglo XV. Por un lado, cumplía una función administrativa, ya que los estipendios, como veremos mejor en el siguiente epígrafe, se pagaban en base a las lanzas y, en general, los integrantes de cada lanza eran dependientes o socios de armas de quien la comandaba. Pero al mismo tiempo, el origen de la lanza era evidentemente táctico. Surgió de la comprensión de que los hombres de armas, que con su poderosa fuerza de choque seguían constituyendo el núcleo de todos los ejércitos, para operar mejor en el campo debían estar acompañados de caballeros con armamento y monturas más ligeras, así como de tiradores, para lograr la flexibilidad táctica que los anteriores ejércitos de caballeros no siempre conseguían. Acompañado por sus auxiliares, provisto de cabalgaduras de refresco y protegido por una armadura técnicamente avanzada, el caballero del siglo XV fue más que nunca el rey del campo de batalla.

Esto no significa que no existiera la infantería. En la guerra había muchas tareas que no podían confiarse a los hombres de armas o, en todo caso, no siempre a ellos, como la construcción y defensa de un campamento o el servicio de guarnición en los castillos y las ciudades fortificadas. En la medida en que la guerra no se reducía a los combates campales, era evidente que toda fuerza armada necesitaba un cierto número de combatientes a pie. Y esto tanto más cuanto que, comparada con la caballería, la infantería salía más barata, de manera que habría sido absurdo no reclutar una cierta cantidad de tales combatientes. Por lo general, en una compañía de infantería, una parte de los hombres iban armados con arcos y ballestas, otra parte con lanzas, y había aún otra encargada solo del manejo de grandes escudos de madera, los paveses, que podían plantarse en el suelo para fortificar una posición. Así pues, la infantería podía ocupar el terreno y proporcionar apoyo a la caballería, pero representaba un papel secundario en los combates campales, tanto más cuanto que la ayuda más cercana a los hombres de armas estaba asegurada por los otros integrantes de la lanza. La composición de los ejércitos muestra con toda claridad que cada comandante trataba de tener solo el mínimo indispensable de infantes. Es más, entre mediados del siglo XIV y mediados del siglo XV, la proporción de los combatientes a pie en el campo se había reducido respecto a la época anterior; otra confirmación de que las mejoras técnicas y organizativas habían afectado sobre todo a la caballería, lo que reforzó su hegemonía en los campos de batalla.

Las semillas del cambio

Las semillas de un cambio, incluso de una auténtica revolución militar, estaban presentes ya hacia finales de nuestro periodo. Hacia mediados del siglo XV todos sabían que los montañeses suizos habían inventado un nuevo modo de combatir, del que se hablaban maravillas. Reunidos en compañías numerosas y adiestrados para combatir en grupo, con un piquero que mantenía a raya a la caballería enemiga, un alabardero para el combate cercano y uno o dos tiradores armados de ballesta o de la primitiva arma de fuego que era la culebrina, los infantes suizos no temían a nadie, y todo el que los veía luchar quedaba impresionado por su eficacia. Los gobiernos ya estaban dispuestos a gastar enormes sumas para asegurarse sus servicios como mercenarios, y comenzaba a difundirse la idea de que quien tenía a los suizos de su parte disfrutaba de una ventaja técnica sobre el adversario.

En efecto, si en aquella época todo el mundo creía que el secreto de la victoria estaba en aprender a coordinar con eficacia distintos tipos de combatiente, no cabe duda de que la integración de la pica con el arma de fuego experimentada por los suizos tenía mucho más futuro que la integración del hombre de armas con caballos ligeros y arqueros, que constituía el concepto básico de la lanza. Pero hasta la segunda mitad del siglo XV, los suizos, aunque famosos, estaban todavía poco presentes en los campos de batalla, y sus métodos se hallaban en una fase demasiado experimental para atribuirles mucha importancia. La revolución militar que transformó la forma de combatir entre los siglos XV y XVI, que trataremos en el siguiente capítulo, se debió sin la menor duda a los suizos, pero antes de esa fecha la mayor parte de las guerras se combatieron sin ellos y con métodos que aún no acusaban su influencia.

En cuanto a las armas de fuego, su cometido era todavía escaso en los campos de batalla. Desde este punto de vista, la Europa de los siglos XIV y XV muestra aún el perfil de una cultura que ha conquistado una nueva tecnología, pero que se halla todavía al principio del largo camino necesario para aprovecharla eficazmente (por lo demás, podría decirse lo mismo del arte de la imprenta). Todos los gobiernos experimentaban con las armas de fuego y estaban visiblemente dispuestos a invertir a largo plazo en esa dirección, pero los resultados eran aún poco visibles. Los intentos de emplear armas portátiles en el combate, armando a grupos de escopeteros, como hicieron los Sforza en Milán, o sumando la culebrina y el arcabuz a la ballesta, como hacían efectivamente los suizos, continuaron siendo aislados y no cambiaron el curso de las batallas campales. El empleo de los cañones en la batalla tampoco era desconocido, pero sí irrelevante, salvo tal vez desde el punto de vista psicológico, dada la dificultad de trasladar la artillería, su escaso alcance y la enorme lentitud de su cadencia de tiro.

El empleo de la artillería de asedio resultaba más prometedor. Los primitivos cañones de la época, simples tubos de hierro, que debían trasladarse en carros e instalarse en soportes para dispararlos, eran en todo caso más eficaces que las armas de asedio tradicionales, balistas y catapultas, y poco a poco las fueron sustituyendo durante la época que nos ocupa. A mediados del siglo XV, su superioridad estaba universalmente reconocida y, como consecuencia, comenzaron a cambiar tanto la técnica del asedio como el arte de la fortificación (pero estos desarrollos serán la materia del próximo capítulo). Al mismo tiempo, se hacía evidente que, a la larga, la nueva tecnología favorecería a los gobiernos más ricos, capaces de hacer inversiones verdaderamente elevadas en la producción de bocas de fuego de gran calibre, como los enormes cañones que el sultán turco Mehmed II mandó fundir en 1453 para el asedio de Constantinopla. En este sentido, el progreso de las armas de fuego contribuía a reforzar el creciente monopolio de la guerra por parte del Estado, sobre todo de los Estados más poderosos, que es una de las características fundamentales de esta época.

Reclutamiento y organización

De la movilización de los súbditos al reclutamiento de mercenarios

La vida de los ejércitos no se limitaba al combate, y hasta puede decirse que, desde el punto de vista histórico, era este el aspecto menos interesante de su actividad. Como ha escrito Michael Mallett: «Había que reclutarlos, mantener la disciplina y mantenerlos a ellos, pagarlos, controlarlos y, por último, desmovilizarlos». Es, pues, obligado preguntarse qué hacían los gobiernos de la época para reclutar y organizar sus fuerzas armadas. En términos generales, cabe decir que estos siglos marcan la transición de la movilización obligatoria de los habitantes, que era el modo normal de reunir un ejército en la Edad Media, al reclutamiento de voluntarios, en su mayor parte profesionales contratados y pagados gracias al aumento de los recursos administrativos y financieros de los que disponían ya los gobiernos de Europa.

Al igual que sus predecesores, reyes y príncipes de los siglos XIV y XV (aunque lo mismo vale para los gobiernos de las ciudades), tenían derecho a pedir a sus súbditos que tomaran las armas para la defensa del país. No era, como se cree algunas veces, una obligación que afectara solo a los nobles, en cuanto vasallos del soberano, conforme a las reglas del derecho feudal, sino un deber común a todos los hombres adultos, en cuanto habitantes del país y súbditos del soberano. La diferencia entre los nobles y todos los demás era sencillamente esta: los nobles, al menos los que eran vasallos del rey y tenían en feudo sus castillos y sus tierras, recibían convocatorias individuales y debían presentarse con caballos y armadura; por otra parte, en caso de necesidad, también debían prestar servicio fuera del país, en las guerras de conquista, aunque en ese caso la obligación se limitaba a cuarenta días. Por el contrario, a la gente común se la convocaba a través de su comunidad de pertenencia, a la que se pedía que abasteciera y equipara a sus expensas un determinado número de hombres. Estos combatían a pie —aunque el gobierno imponía ciertos requisitos mínimos de armamento— y no solían prestar servicio en guerras ofensivas, sino solo para la defensa del país.

No obstante, el sistema, que se había creado durante los siglos anteriores, mostraba ya a comienzos del siglo XIV sus deficiencias. La burocracia no tenía el desarrollo necesario para conservar registros actualizados de aquellos que estaban sujetos a la obligación militar, de modo que era muy fácil evitarla, y los contingentes reclutados eran siempre inferiores a las expectativas. La naturaleza contractual de las monarquías de la época, enteramente basadas en la perpetua negociación del príncipe con los diversos componentes del país, multiplicaba las solicitudes, o las pretensiones, de exención o limitación del servicio. Además, hacía ya tiempo que los sujetos obligados podían eludir sus deberes militares a cambio de un pago de dinero. Los gobiernos, por otra parte, estaban tan hambrientos de ingresos que muchas veces se convocaba a los vasallos y a las comunidades más con la intención explícita de conseguir dinero que gentes armadas, como si se tratara de un impuesto. Ese dinero servía para pagar a otros, porque incluso en el caso de los vasallos se había hecho prácticamente imposible poner en el campo a un caballero, aunque fuera para los cuarenta días de servicio obligatorio, sin reembolsarle los gastos y hasta sin pagarle un salario.

Es evidente que el sistema no bastaba para sostener las empresas bélicas de largo alcance que las potencias de la época estaban en condiciones de concebir y organizar. Aunque las obligaciones feudales y comunitarias no estaban abolidas formalmente, tanto es así que en situaciones de urgencia vemos que se invocaban todavía en el siglo XVI e incluso en el XVII, los gobiernos necesitaban inventar otro sistema para reunir ejércitos adecuados y sobre todo para mantenerlos en el campo sin el peligro de que los hombres, concluida su obligación legal, se volvieran a casa. La solución de halló en una relación de tipo contractual: los gobiernos contrataban a los combatientes al comienzo de una campaña, estipulando acuerdos concretos, en los que no se hacía referencia alguna a las obligaciones legales, sino exclusivamente al salario acordado. El dinero era ya el verdadero nervio de la guerra. Se entiende, entonces, que el reforzamiento del Estado estuviera acompañado por el desarrollo de la fiscalidad, cuyo fin principal era en gran parte el sostenimiento del esfuerzo de guerra.

La contratación de los combatientes se llevaba a cabo con la mediación de unos emprendedores que reclutaban privadamente una compañía de hombres de armas o de infantes, para luego llegar a un acuerdo con el gobierno negociando un contrato que en Italia recibía el nombre de *condotta*. En el contrato se establecía el número y el tipo de combatientes, la calidad del armamento y de los caballos, el salario y los términos del pago, la modalidad del reparto de los rescates y del botín, así como la duración del servicio. Pero evitemos los anacronismos: estos que hemos llamado emprendedores y que, en realidad, se llamaban capitanes —o, en Italia, *condottieri*—, pertenecían a la nobleza militar, igual que sus hombres, a los que reclutaban precisamente por sus relaciones y su fama. Además, no se limitaban a gestionar el aspecto contractual, puesto que también comandaban a sus compañías en la guerra.

En las monarquías europeas, tanto los capitanes como la mayor parte de los hombres de armas eran súbditos del rey, por tanto no es correcto llamarlos mercenarios, porque los ejércitos reclutados a cambio de dinero conservaban también una connotación nacional. Fue en Italia donde las compañías adquirieron un carácter decididamente mercenario, bien porque no existía una monarquía nacional, sino un gran número de Estados más o menos grandes, siempre en lucha unos con otros, bien porque los recursos económicos de muchas potencias italianas, grandes centros comerciales y financieros como Venecia o Florencia, eran enormemente superiores a los recursos demográficos, razón por la cual el tamaño de sus ejércitos no guardaba proporción con las dimensiones de país y debían estar compuestos en gran parte por forasteros.

En aquellas zonas de Italia, como el Estado de Florencia, donde prácticamente había desaparecido la nobleza feudal, donde las oligarquías urbanas, absorbidas por la actividad comercial, no estaban interesadas en las actividades militares, y donde, por motivos políticos, no gustaba armar a los campesinos, este sistema permitía disponer de importantes fuerzas armadas sin tener que imponer ninguna carga personal a los habitantes. En el próximo capítulo veremos que a los intelectuales italianos les preocuparon pronto las consecuencias negativas de este sistema, que ponía la seguridad del país en las manos de mercenarios extranjeros y podía destruir las presuntas virtudes guerreras de la población italiana, pero hasta finales del siglo XV es seguro que esta le pareció a casi todo el mundo la mejor solución.

De modo que toda campaña militar comenzaba con innumerables negociaciones a todos los niveles. Un hombre de armas interesado en participar podía reclutar a un servidor y un arquero dispuestos a formar su «lanza» mediante acuerdos individuales con cada uno de ellos. Después, se dirigía a uno de los capitanes que, según se sabía, estaba reclutando hombres, y negociaba con él, en nombre de todos, el ingreso en la compañía. Cuando el capitán había reclutado una cantidad suficiente de hombres, se presentaba en una fecha previamente establecida ante un funcionario del gobierno que pasaba revista a hombres, armas y caballos; esta etapa, fundamental para el funcionamiento del sistema, se llamaba «muestra». Cuando la compañía había «pasado la muestra», el funcionario (quizá tras embolsarse una «mordida»), declaraba que el grupo se atenía a las obligaciones contractuales; entonces, el capitán tenía derecho a recibir de la tesorería del Estado un determinado anticipo sobre su salario, generalmente de un mes, que distribuía en parte a los hombres, no sin haber hecho alguna sisa. En ese momento, la compañía entraba oficialmente al servicio y comenzaba a tomar parte en las operaciones militares, si bien debía pasar periódicamente otras «muestras» para confirmar que, pese a pérdidas, enfermedades o deserciones, el capitán se había ocupado de mantener el grupo con nuevos reclutamientos, que los caballos eran animales válidos y no rocines y que las armaduras no eran demasiado viejas, ni estaban herrumbrosas.

Las limitaciones del mercenarismo

Las mayores limitaciones de este sistema estaban, por un lado, en la relativa lentitud con que se conseguía poner en el campo a las compañías y, por otro, en la frecuente inexperiencia y, por ende, la escasa coordinación de los hombres, sobre todo cuando una compañía, reclutada para una empresa concreta, se disolvía inmediatamente después. Pero no menos grave era el peligro de que una compañía, en el momento en que el gobierno decidía prescindir de ella porque ya no la necesitaba, se negara a disolverse y comenzara a hacer la guerra por su cuenta, devastando los campos y viviendo a costa de los campesinos, como ocurrió con mucha frecuencia durante la guerra de los Cien Años.

En Italia, donde más que en otras partes las compañías estaban formadas por profesionales que no tenían más recursos que la guerra, los capitanes dirigían auténticas empresas, muy complejas de administrar, que obviamente no se disolvían al acabar la campaña. En la primera mitad del siglo XV, el condotiero Micheletto Attendolo tenía a sus órdenes a 167 capitanes, cada uno de los cuales mandaba su escuadra de hombres de armas para un total de 561 lanzas, eso sin contar los secretarios y los contables que gestionaban la administración, y se mantuvo ininterrumpidamente activo, al servicio de uno u otro gobierno, durante un cuarto de siglo. En el caso de no encontrar a nadie dispuesto a contratarlas, las compañías como esta, militarmente más fuertes que muchos pequeños Estados, se convertían en una bomba andante. Entre 1354 y 1399, el municipio de Siena tuvo que pagar en veinticinco ocasiones gruesas sumas de dinero a varias compañías desocupadas que amenazaban con saquear su territorio. En cierta ocasión, el pago ascendió a casi 40 000 florines, lo que igualaba el activo circulante de una gran compañía mercantil como la de Francesco Datini.

Para resolver estos problemas, los gobiernos de la época probaron distintas soluciones. Algunos Estados italianos decidieron mantener en permanente servicio a los condotieros, firmando contratos que los obligaban a acuartelarse en el país y mantenerse también a disposición en tiempos de paz. Puesto que, evidentemente, el gasto continuaba, esta solución era muy costosa, pero, en aquella época, gobiernos como los de Venecia y Milán tenían una disponibilidad financiera igual o superior a la de las mayores potencias europeas gracias a la fabulosa prosperidad de su comercio. Se trataba, pues, de un compromiso sostenible. Al mismo tiempo, esos gobiernos se esforzaban por mantener políticamente vinculados a los condotieros que los servían mediante la concesión de feudos o rentas, que debían servir para naturalizarlos en el país y asegurarse su fidelidad por encima de la obligación contractual.

La otra solución, probada en Francia y después en otros países europeos, fue la creación de compañías permanentes, organizadas directamente por el gobierno. El 1445, Carlos VII de Francia, decidido a poner orden en el inextricable caos de los contratos y las negociaciones privadas, organizó varias compañías de hombres de armas, las *compagnies d'ordonnance,* a cuyo capitán nombraba el rey entre los nobles de su confianza. Los hombres de armas registrados en la ordenanza recibían un estipendio regular y daban servicio permanente, lo que hacía mucho más rápida la formación de un ejército campal. El sistema respondía también a otra de las lógicas que dirigían el desarrollo del Estado en aquella época: la creación de puestos y de pensiones, con los que el rey vinculaba a su persona un número cada vez mayor de nobles. Un cronista nos informa de que cuando se comenzó a hablar de esta novedad, el precio de los caballos aumentó desmesuradamente en Francia, porque todos los nobles querían proveerse de buenos caballos para estar seguros de que los aceptarían en la ordenanza. Junto a estas compañías se organizó una milicia de arqueros, los *franc-archers,* enrolando en las comunidades un cierto número de habitantes ricos, que disfrutaban de privilegios fiscales a cambio del compromiso de presentarse, bien armados, en caso de convocatoria real.

Las compañías de ordenanza y la milicia de arqueros organizadas por el rey de Francia, y pronto imitadas por otros soberanos como el rey de Castilla o el duque de Borgoña, responden a la idea fundamental que más tarde conduciría a la formación de los ejércitos permanentes. No obstante, conviene decir que los cambios en el armamento y en la táctica ocurridos entre los siglos XV y XVI, que comentaremos en el próximo capítulo, acabaron enseguida con estos experimentos, porque precisamente los hombres de armas y los arqueros vieron primero reducirse y luego desaparecer por completo su cometido en los campos de batalla. Por lo demás, no todos los gobiernos europeos se habían preocupado de tener de algún modo fuerzas militares permanentes. En Inglaterra, por ejemplo, que era el país más belicoso del continente, pero donde los gastos del rey estaban controlados de un modo muy estricto por el Parlamento, los primeros pasos en esta dirección no se dieron hasta el siglo XVII, y lo mismo vale para el Imperio. Por tanto, no conviene poner demasiado énfasis en estos primeros «ejércitos permanentes», que los historiadores exaltaban antes como un paso decisivo hacia la formación del Estado moderno, pero que no representan ninguna continuidad real con los ejércitos permanentes de los siglos XVII y XVIII. El aspecto fundamental de la organización militar del siglo XV fue siempre su carácter contractual, si bien con distinta regulación según los países.

Un aspecto no menos importante que el esfuerzo organizativo por parte de los gobiernos fue la adquisición de un depósito de armamento de propiedad estatal; una novedad de la época que, esta sí, introdujo una costumbre destinada a durar sin interrupción hasta nuestros días. En general —quede claro—, los hombres de armas y otros combatientes que se presentaban a las muestras debían proveerse a sus expensas de un armamento adecuado, pero, en un sistema en el que junto a las compañías voluntarias había contingentes que prestaban un servicio más o menos obligatorio o poco entusiasta, no tardó en abrirse camino la idea de normalizar de algún modo el armamento. Se comenzó definiendo cada vez con mayor rigor los patrones requeridos, multando a los capitanes y las comunidades que presentaban hombres poco hábiles, y se continuó adquiriendo directamente grandes cantidades de armas para distribuirlas entre las tropas peor equipadas (ante todo, entre la infantería) o para conservarlas en los castillos y las plazas fuertes, de modo que, en caso de necesidad, pudiera armarse con rapidez a toda una guarnición. Pero el sector en el que se impuso desde el primer momento la iniciativa estatal sobre la privada fue la artillería. Producto industrial extremadamente costoso y manejado por técnicos bien pagados, la artillería se concibió siempre como propiedad directa del soberano y, en efecto, representó el medio bélico más directamente controlado por los gobiernos.

La estrategia

¿Cómo se empleaba un ejército una vez reclutado? A finales de la Edad Media, igual que después, la guerra se hacía sobre todo con el propósito de conquistar territorio. Las motivaciones, verdaderas o falsas, podían ser diversas; en tiempos recientes, las guerras han empezado ante todo por motivaciones de tipo nacional o étnico y también declaradamente económico o de pura potencia, como las guerras coloniales. En la época que nos ocupa no faltaban el cinismo político y la voluntad de potencia, desde luego, especialmente (aunque no solo) en la Italia de las señorías, pero una guerra podía estallar también por razones políticas expresadas en un lenguaje dinástico, como cuando el rey de Inglaterra decidió reivindicar el trono de Francia y provocó la guerra de los Cien Años. No hay que olvidar tampoco las guerras combatidas por razones religiosas, como en el caso de las frecuentes expediciones contra los turcos o contra los bálticos y los eslavos, que caracterizaron los últimos siglos del Medioevo. En todos estos casos, sin embargo, la finalidad inmediata de quien iniciaba la guerra era la conquista del territorio.

Pero los medios con que se pretendía llevar a cabo la conquista diferenciaban netamente la guerra de los siglos XIV y XV de la moderna, como la hacía Napoleón y como la teorizó en el siglo XIX Clausewitz, el general prusiano que todavía se considera el mayor teórico de la guerra. En la guerra moderna, la conquista se realiza quebrando la potencia militar del adversario, y el medio es la destrucción de sus fuerzas armadas en campo abierto. En cambio, en la época que aquí nos interesa, difícilmente se entraba en guerra con el propósito declarado de destruir al ejército enemigo, ni tampoco la búsqueda de una batalla decisiva era el fin de quien planeaba una ofensiva. Aunque solo fuera porque los ejércitos eran pequeños, relativamente poco profesionales, cambiantes en su composición, si se disponía de dinero, no se necesitaba mucho para volver a crearlos de la nada. Por tanto, la finalidad de una campaña militar era o bien formar una cabeza de puente en el país enemigo, destinada a ensancharse después hasta someter todo el territorio, o bien, con mayor modestia, debilitar la potencia del adversario mediante la destrucción no tanto de su fuerza militar como de sus recursos económicos.

En el primer caso, la guerra significaba penetrar en el país enemigo con fuerzas suficientes para defenderse de posibles ataques y empezar asediando y ocupando una ciudad o un cierto número de castillos en el campo, donde situar las guarniciones e invernar en el caso de que la operación se prolongara más allá del otoño. A su vez, el defensor pocas veces se arriesgaba a una derrota en una batalla campal; por lo demás, durante la guerra de los Cien Años, las escasas ocasiones en que los franceses intentaron destruir al ejército invasor se tradujeron regularmente en espantosas derrotas. Un comandante prudente prefería poner en condiciones de defensa sus plazas fuertes y esperar que la ofensiva enemiga se agotara por falta de medios, de avituallamiento, de dinero o, sencillamente, por el final de la buena estación, como en efecto ocurría en la mayor parte de los casos.

Así concebida, la guerra era larga y poco concluyente en cuanto a resultados políticos, pero tremendamente destructiva para el territorio y las poblaciones que debían soportarla. Cierto, en las regiones que deseaba anexionarse, el invasor intentaba establecer acuerdos con los nobles y las comunidades locales para conseguir su juramento de fidelidad, así como corromper a los comandantes de las guarniciones para lograr que se pasaran a su bando. Pero si encontraba resistencia, la regla era no demostrar piedad, con el fin de dar un ejemplo y quebrar la voluntad de la población: una ciudad que hubiera tardado demasiado en abrir las puertas quedaba abandonada al saqueo y en ella se ahorcaba hasta al último de los hombres de la guarnición. La destrucción era mayor aún en el caso de las guerras de devastación, cuando se penetraba en un país enemigo sin intención de que la conquista fuera duradera, sino simplemente para debilitar todo lo posible los recursos económicos y la resistencia moral del adversario; entonces, la guerra se hacía sistemáticamente destructiva, se cortaban las vides y los árboles frutales, se confiscaba el ganado, se incendiaban los pueblos y se mataba o se mutilaba a los campesinos que no podían pagar un rescate. Este rostro brutal y destructivo de la guerra, de una guerra total contra la población civil a manos de ejércitos formados al menos en parte por aventureros sin escrúpulos, fue lo que hizo de los siglos XIV y XV una época trágica de la historia de Europa, a pesar de su progreso económico y tecnológico y del enorme florecimiento artístico. En su libro sobre la *Crisis del feudalismo* durante la guerra de los Cien Años, Guy Bois ha titulado uno de sus capítulos *Hiroshima en Normandía,* una expresión que no parece excesiva cuando se conocen los medios y las intenciones con que los ingleses, juzgados por sus adversarios como «gente cruel y sanguinaria», lanzaban sus cabalgadas destructivas, a veces durante muchos meses, al país enemigo. Presente casi de un modo permanente en territorio europeo, con una escala y una duración antes impensables y ahora posibles precisamente por el reforzamiento de los Estados y de sus recursos, la guerra arrojó su sombra sobre la Europa de los siglos XIV y XV y representó, junto a las grandes epidemias de peste, el aspecto más siniestro de la época.

Guerra, cultura y sociedad

Así pues, la guerra era un flagelo. «De la guerra, el hambre y la peste líbranos, Señor», se cantaba en las iglesias. Pero no era un flagelo para todos. Para los caballeros, que poseían armas y caballos y podían enrolarse en una compañía, la guerra era un recurso importante; para muchos de ellos, incluso el único. En una época como la de los siglos XIV y XV, cuando la inflación y la crisis demográfica se sumaban para reducir los ingresos de los señores, el salario de un hombre de armas, de diez o quince florines al mes, podía equivaler tranquilamente a la renta de una pequeña señoría. Así se explica la enorme facilidad con que se conseguía reclutar a hombres de armas, y la relativa dificultad en mandarlos a casa cuando ya no se necesitaban. Y lo mismo vale para los arqueros y los ballesteros, combatientes especializados, cuyos salarios, aunque inferiores a los de los hombres de armas, superaban las ganancias de un artesano modesto.

Pero los salarios no era lo único que hacía atractiva la guerra. Para los nobles, constituía un deporte espectacular y extremo, peligroso solo en la medida suficiente para aumentar la emoción; y al mismo tiempo era un juego de azar, en el que, si entraba la suerte, era posible no solo ganarse la vida, sino también hacerse rico. Esta doble connotación de la guerra, tal y como la hacían los nobles, se refleja en las reglas de la caballería, que, contrariamente a lo que se ha creído durante mucho tiempo, no tenían nada de pompa inútil, ni de mera evasión de la cruda realidad bélica. El código caballeresco regulaba en concreto el comportamiento de los combatientes y servía para hacer menos peligroso y más fructífero el juego de la guerra. En efecto, la caballería prohibía la matanza de los prisioneros —de los nobles, se entiende— y regulaba su liberación mediante el pago de un rescate, en general equivalente a los ingresos anuales del prisionero: un sistema por el que un combatiente afortunado podía enriquecerse con facilidad, aunque algún otro se viera obligado a hipotecar o a vender sus tierras para pagar su propia libertad (el caso extremo fue el de Juan II, rey de Francia, capturado en 1356 en la batalla de Poitiers y liberado a cambio de un rescate de tres millones de coronas de oro, que costó varios años reunir y que dejó maltrechas las finanzas del reino).

La utilidad de las reglas caballerescas explica la abundancia de tratados sobre el tema, que son al mismo tiempo tratados del arte militar, de ética de la guerra y de derecho bélico. Obras como *El árbol de las batallas,* del benedictino Honoré Bovet, o el *Libro de caballería* del noble Godofredo de Charny no contenían solo reflexiones sobre el concepto del honor, claramente esencial para la mentalidad nobiliaria, sino también instrucciones concretas sobre la actitud en la guerra y el pago de los rescates, regulado por acuerdos privados de reconocida validez jurídica. No eran aún los tratados de los humanistas del siglo XV, los muchos *De re militari* que retoman conscientemente, y con un toque de esnobismo, la lengua y las fórmulas de los tratados del arte militar de la Antigüedad; eran obras escritas en lengua vulgar, muy populares entre los combatientes, y no escondían en absoluto que la guerra era una cuestión muy concreta, un asunto honroso que podía proporcionar éxito y riqueza. La guerra, para decirlo con un término moderno, era un negocio, y como tal se afrontaba. No era raro que dos o más hombres de armas estipularan entre ellos un acuerdo de «hermandad de armas», que, no obstante el lenguaje caballeresco, era un auténtico contrato mercantil, en el que se regulaba con minuciosidad el reparto del botín, su inversión una vez de regreso a casa, y alguna forma de seguro mutuo en el desafortunado caso de que cayeran prisioneros y tuvieran que pagar un rescate.

Por otra parte, no solo los nobles participaban de esta cultura, porque la guerra era una de las vías rápidas por las que los hombres de origen bajo podían integrarse en la sociedad aristocrática. Todo aquel que, gracias a un modesto bienestar, lograba procurarse armas y caballos y entrar al servicio del rey podía aspirar incluso a un ennoblecimiento formal, con los privilegios sociales, fiscales y jurídicos que comportaba. En la Francia del siglo XV, el hecho de haber servido al rey como hombre de armas en las compañías de ordenanza era el principal argumento que se presentaba ante los jueces en muchas causas para obtener el reconocimiento de la condición nobiliaria. Así, la guerra, que para muchos quería decir muerte y ruina, era para otros un medio de enriquecerse y ascender socialmente. Una parte en absoluto secundaria de la sociedad europea, que coincidía en cierta medida, aunque no del todo, con la elite económica y política, vivía de la guerra y para la guerra.

La guerra naval

A medida que avancemos hacia los siglos modernos, la guerra naval será cada vez más importante para nuestro análisis, aunque, por su propia naturaleza, se tratará siempre aparte. Pero en los siglos XIV y XV la guerra naval desempeñaba un cometido todavía secundario, con la posible excepción del teatro mediterráneo. Aquí, en un mar cerrado y estrecho, por el que pasaba la mayor parte del comercio europeo, la necesidad de conservar el dominio de los mares, al menos los de casa, y por tanto de mantener una marina de guerra permanente, era reconocida por las mayores potencias navales, que en esa época eran Venecia, Génova y el reino de Aragón. La nave de guerra empleada en el Mediterráneo era la galera, proyectada y construida con fines bélicos, aunque ocasionalmente también podía transportar mercancías.

Moviéndose a remos más que a vela, era libre de la esclavitud de las condiciones atmosféricas y, por tanto, se adaptaba a la conducción de operaciones estratégicas. La tripulación estaba formada por remeros asalariados, a la que podía unirse la infantería embarcada, especialmente los arqueros. En el siglo XV se empezó a situar en la proa y en la popa alguna pieza de artillería. En este escenario, la guerra naval era un elemento importante y alguna veces incluso predominante de la actividad bélica.

Otra cosa era lo que sucedía en el mar del Norte y en el Báltico, donde se movían naves inglesas y francesas, pero sobre todo flamencas, alemanas y escandinavas. La embarcación que se empleaba en aquellos mares, la llamada nave redonda o coca, era una embarcación de vela, de un solo palo, pequeña y poco maniobrera, un barco construido para el comercio, que carecía de las características de un buque de guerra. Un gobierno podía tener necesidad de buques cuando quería transportar un ejército, como les ocurrió con frecuencia a los ingleses durante la guerra de los Cien Años o (menos común) saquear las costas y los puertos enemigos; en estos casos, se alquilaban o se requisaban barcos mercantiles para los soldados. Casi no existían flotas de guerra permanentes, y las técnicas de combate eran primitivas, ya que solo practicaban el abordaje. En ese ámbito geográfico, que incluía la totalidad de las grandes potencias militares de Europa, la guerra naval era todavía un asunto totalmente secundario en aquella época.

2. De las guerras de Italia
a la guerra de los Treinta Años

La primera revolución militar

La pica y el arcabuz

Las semillas del cambio que el modo de combatir de los suizos
había dejado entrever desde mediados del siglo XV fructi-
ficaron durante el largo periodo de las guerras de Italia, dividido en grandes batallas como la de Fornovo (1495), Cerignola (1503), Agnadello (1509), Rávena (1512), Marignano (1515)
y Pavía (1525), y concluido con la paz de Cateau-Cambrésis
de 1559, que ocasionó tres siglos de predominio habsbúrgico
en Italia. Durante estas guerras, combatidas en el territorio de
la península itálica por ejércitos en los que convergían tropas francesas, alemanas, españolas e italianas, se consolidó
un modo de combatir radicalmente distinto al que hemos descrito en el capítulo anterior. Y aunque con progresivos ajus-
tes, esta forma de combate continuaría caracterizando las guerras del siglo XVI y de principios del XVII, como las de religión
en Francia y Alemania, las de la España católica contra los

protestantes de Inglaterra y los Países Bajos, y en parte también la guerra de los Treinta Años (1618-48) y la Guerra Civil Inglesa (1642-46).

La innovación más importante de los suizos fue introducir la pica como arma principal del soldado de infantería. De varios metros de largo y con una afilada punta de hierro, era prácticamente imposible de utilizar por un combatiente aislado, pero se convertía en un arma formidable cuando estaba manejada por una formación de miles de hombres adiestrados para maniobrar con ella al mismo tiempo. Frente a una infantería armada de picas y alineada en un cuadro masivo con una profundidad incluso de setenta filas, la caballería no tenía prácticamente ninguna posibilidad de éxito; lo que significaba que, después de muchos siglos, los infantes pasaron de golpe a dominar el campo de batalla. Las escuadras de caballeros con armadura que antes formaban el nervio de todos los ejércitos tuvieron que redimensionar su papel, y aquellos ejércitos que por tradición caballeresca y nobiliaria continuaron confiando en la fuerza de choque de los hombres de armas a caballo sufrieron espantosos fracasos, como les ocurrió a los franceses en la batalla de Pavía.

A comienzos del siglo XVI, la pica era un arma auténticamente revolucionaria, la «reina de las batallas». Su adopción tuvo consecuencias duraderas y no solo técnicas, sino también culturales. El uso de la pica no requería un adiestramiento individual, sino colectivo, ya que su eficacia dependía exclusivamente de que los hombres, unidos hombro con hombro, consiguieran manejar correctamente esta arma incómoda y muy pesada sin estorbarse unos a otros. Surgió así la necesidad de emplear especialistas capaces de adiestrar a los reclutas, los «oficiales bajos», como se llamaron entonces, sargentos y cabos, que han conservado esa función esencial hasta nuestros días. En los cuadros de piqueros, el colectivo formado por los soldados contaba más que las capacidades individuales; el orden y la disciplina comenzaron a ser requisitos imprescindibles, cosa de la que también se encargaban los suboficiales. Se descubrió la utilidad de hacer que los hombres marcharan juntos con un paso rítmico, para lo cual se introdujo el empleo de cornetas y tambores con los que acompasar los movimientos. Fascinados por lo que les parecía el renacimiento de las legiones romanas o las falanges macedónicas, los teóricos del Renacimiento se dedicaron a crear una nueva ciencia militar que situaba en el centro de interés los problemas de las formaciones que debían adoptarse, de la sincronía de los movimientos y del adiestramiento colectivo, conceptos todos ellos que tendrían un enorme desarrollo en la teoría y la praxis militar de Europa.

Pero la pica sola no bastaba. Para que los piqueros pudieran maniobrar con seguridad sus armas mortales, era necesario que unos auxiliares los protegieran de posibles ataques inesperados del enemigo, que habrían podido producirse por la parte de abajo hasta impedir la maniobra de las picas. En la infantería de principios de siglo XVI, los piqueros iban siempre acompañados de grupos de infantes armados de espada y escudo o también de albarda, más capaces de combatir cuerpo a cuerpo, así como de otros armados de arcabuz, el antepasado de nuestros modernos fusiles, que sustituyó con bastante rapidez al arco y a la ballesta como arma de combate a distancia. Pese a su carácter primitivo, el arcabuz se reconoció enseguida como una invención destinada a transformar el arte de la guerra, y así lo demuestra, entre otras cosas, la invectiva de Ludovico Ariosto contra el «maldito y abominable artilugio» que había convertido el valor de los «caballeros antiguos» en algo obsoleto y superfluo.

Combatidas por ejércitos cuyos infantes eran ya mucho más numerosos que sus caballeros, las batallas se hicieron más largas y más estáticas. Para aprovechar mejor las cualidades defensivas de la infantería y reducir la vulnerabilidad derivada de la extrema lentitud de tiro de los arcabuces, se hizo común montar en el campo de batalla fortificaciones improvisadas, parapetos y atrincheramientos, de donde era difícil expulsar a un defensor dispuesto a resistir. En los puntos más importantes de estos atrincheramientos se colocaban los cañones, que acompañaban ya a los ejércitos. Eran pocos, muy caros, estaban poco estandarizados y, en general, eran de calibre demasiado grueso en comparación con el que más tarde adoptó la artillería de campo, de modo que resultaban poco o nada manejables; pero su fuego desde posiciones fijas y fortificadas se convirtió ya en esa época en un elemento central, en torno al cual se organizaba el combate.

La reciente historiografía militar está de acuerdo en que las transformaciones de la técnica bélica que supuso la introducción de la pica y del arcabuz deben considerarse un auténtica revolución. Por tanto, el concepto de revolución militar, aparecido por primera vez hace cincuenta años con referencia a las innovaciones del siglo XVII, que trataremos en el próximo capítulo, se anticipó en los siglos XIV y XV. En realidad, sería más oportuno hablar de dos revoluciones distintas. La primera, descrita en estas páginas, supuso el declive definitivo de la caballería con armadura y estableció ya para siempre el predominio de la infantería en los campos de batalla. La combinación de la fuerza de choque de la pica y el tiro de interdicción de los arcabuces y los cañones es clave para comprender algo de los combates del Renacimiento tardío.

La evolución de la táctica hasta los comienzos del siglo XVII

Desde mediados del siglo XVI, el arcabuz fue también apartado primero y sustituido después por un nuevo tipo de arma de fuego: el mosquete. Más largo y pesado, más caro y más difícil de manejar, presentaba, en cambio, la ventaja de disparar un bala más pesada y a mayor distancia, con efectos mucho más destructivos para el enemigo que llevara armadura. Igual que el arcabuz, el mosquete funcionaba todavía mediante una mecha encendida que, al apretar el gatillo, entraba en contacto con la pólvora para disparar el tiro. Era un arma lenta, poco eficaz, inutilizable con el mal tiempo y tan pesada que el mosquetero debía llevar consigo una horquilla en la que apoyar el cañón. Con todo, era el arma vencedora, tanto es así que su aparición modificó por completo la composición de las unidades de infantería.

Por un lado, el mosquete hizo menos necesario el cometido de proteger a los piqueros antes confiado a la espada y la alabarda, hasta el punto de que se dejó de reclutar soldados rasos equipados con estas armas, y la totalidad de la tropa quedó compuesta de piqueros y mosqueteros. (No obstante, conviene recordar que hasta la guerra de los Treinta Años la proporción de los que entonces comenzaban a llamarse oficiales y suboficiales era muy alta en la infantería; estos, como los numerosos caballeros voluntarios que se enganchaban a la infantería, aún iban armados de espada y alabarda, y las usaban en los combates. Hasta la aparición de los ejércitos del siglo XVIII y, por tanto, hasta el periodo que analizaremos en el próximo capítulo, la espada y la alabarda no se transformaron en puros y simples símbolo de estatus para oficiales y suboficiales, respectivamente, con poca o ninguna función práctica).

Por otra parte, la llegada del mosquete acabó eclipsando incluso a la pica, tanto es así que hacia finales del periodo que nos ocupa la proporción de mosqueteros respecto a los piqueros aumentó rápidamente. A finales del siglo XVI, las unidades españolas en Flandes contaban con un mosquetero y dos arcabuceros por cada diez piqueros, pero menos de cincuenta años después, en los campos de batalla de la guerra de los Treinta Años y de la Guerra Civil Inglesa, había dos, tres y hasta cuatro mosqueteros por cada piquero. Su importancia también se había invertido, ya que los mosqueteros representaban el nervio del ejército no solo para la defensa, sino también para el ataque, porque marchaban contra el enemigo y descargaban sus armas solo a cinco o diez pasos de distancia, inmediatamente antes del cuerpo a cuerpo. Durante la guerra de los Treinta Años, la derrota española en Rocroi, en 1643, que marcó el fin del famoso ejército español de Flandes, protagonista de casi un siglo de guerras europeas, se ha considerado con frecuencia el símbolo del fracaso de una organización militar demasiado conservadora, que había tardado en reconocer la primacía de los mosquetes sobre las picas; sin embargo, en esa fecha los reglamentos españoles también recogían que los piqueros no debían constituir más de la mitad de los efectivos.

La importancia creciente de los mosqueteros hizo reflexionar a muchos comandantes sobre las ventajas que podría obtenerse enseñándolos a maniobrar y disparar en grupo y no individualmente. En Holanda, por orden de Mauricio de Nassau, *stadhouder* de las Provincias Unidas y capitán general del ejército holandés de 1588 a 1625, se comenzó a formar a los mosqueteros siguiendo un plan «científico», con el objetivo de conseguir que los de la primera fila dispararan todos a la vez, para luego retroceder con orden y comenzar el lento procedimiento de recargar sus armas, dejando el puesto a los de la segunda fila, estos a los de la tercera y así sucesivamente. Dado que, en torno al año 1600, la infantería holandesa combatía dispuesta con una profundidad de diez filas, es evidente que para maniobrar de ese modo se necesitaba una instrucción muy avanzada, conforme a evoluciones estudiadas sobre la mesa. El primer manual de instrucción, con tablas ilustradas, se imprimió en Amsterdam, en 1607, pero se necesitaría aún mucho tiempo para que todos los oficiales comprendieran las ventajas de una instrucción homogeneizada y la consiguiente necesidad de un manual. Sin embargo, no cabe duda de que las reformas holandesas preparaban la futura evolución del arte militar.

La infantería de los siglos XVI y XVII confiaba aún en la armadura, aunque reducida a lo esencial. Existía una diferencia significativa, incluso salarial, entre los piqueros que podían proveerse de yelmo y coraza y los que combatían sin más armamento que la pica («pica seca»). Pero la creciente importancia de los mosqueteros redujo poco a poco la de las corazas defensivas, y con el tiempo comenzó incluso a provocar ciertas dudas sobre la oportunidad de alinear la infantería en formaciones profundas y masivas, adaptadas para el manejo de la pica, pero mucho menos para el manejo de las armas de fuego. Disponer las tropas en una formación que permitiera optimizar la colaboración entre las distintas armas se convirtió en uno de los principales problemas para los generales y los teóricos militares de la época. Las múltiples y elaboradas soluciones propuestas tenían en común la tendencia a recortar las formaciones, de manera que las masas de infantes de los siglos XVI y XVII se diferenciaron mucho del cuadro primitivo y macizo de los piqueros suizos.

En un primer momento, la formación de mayor éxito fue el tercio español, que combinaba una docena de compañías, por un total que podía alcanzar incluso los dos o tres mil piqueros y arcabuceros, con una formación de hasta treinta filas. La profundidad del tercio era menos de la mitad respecto a la falange suiza, pero en cierto momento también empezó a parecer demasiado maciza. A finales del siglo XVI, en paralelo al papel cada vez más importante de las armas de fuego, comenzaron a preferirse las formaciones más pequeñas y manejables, de un millar de hombres e incluso menos, dispuestos en un número menor de filas. Estas formaciones recibieron el nombre general de batallones, un término que ya se utilizaba en la Edad Media para indicar las subdivisiones tácticas de un ejército, con el mismo significado con que se ha usado hasta nuestros días. El batallón comprendía un gran centro de piqueros, alineados con una profundidad de diez filas, mientras que los mosqueteros y los arcabuceros se alineaban en los flancos o en las esquinas para optimizar su potencia de fuego.

La necesidad de garantizar la colaboración entre los distintos batallones inspiró la idea de la brigada, término que se utiliza aún hoy para indicar una agrupación de unidades constituida con fines tácticos y no administrativos. Durante la guerra de los Treinta Años, Gustavo Adolfo, el rey de Suecia,

quiso agrupar en sus brigadas unidades alternadas de piqueros y mosqueteros como una especie de fortaleza móvil, capaz de hacer frente en todas las direcciones, claramente ins-
pirada en la arquitectura militar de su tiempo. Pero era más
común que los distintos batallones de una brigada se alinea-
ran uno al lado del otro, o uno detrás de otro, para sostenerse
mutuamente con flexibilidad. A la larga, este tipo de organización estaba destinado a prevalecer, lo que al mismo tiempo fue causa de una nueva reducción de la profundidad de
las formaciones: en los campos de batalla de la guerra de los
Treinta Años, la profundidad óptima de un batallón de infantería se había reducido ya a siete filas, y los generales que
continuaban apegados a formaciones más profundas solían
pagar las consecuencias.

El papel de la caballería

La caballería no desapareció de los ejércitos con el triunfo
de la pica y del arcabuz, pero pasó a ser cada vez con mayor
frecuencia una caballería ligera, cuyo papel, aún importante, no lo era durante el combate. Un yelmo y un chaquetón
de cuero acolchado componían a veces toda la armadura de
esta caballería, que ahora también comprendía regularmente unidades de arcabuceros a caballo, fáciles de improvisar
con poco gasto y poco adiestramiento. La exploración, la es-
colta de los convoyes, el ataque por sorpresa a los enemigos
y la amenaza llevada a las vías de comunicación eran el cometido principal de la caballería ligera. Supuso una ventaja para
los gobiernos que, debido a las características de sus pueblos,
conseguían reclutar una numerosa caballería sin gastarse

mucho, como los jinetes españoles, montados en pequeños caballos castellanos, los *stradiotti* eslavos y albaneses que el gobierno veneciano reclutaba en los Balcanes, los croatas y los húngaros al servicio del emperador habsbúrgico o los finlandeses del rey sueco Gustavo Adolfo.

En cuanto a la caballería pesada, cabe distinguir una primera fase, hasta la segunda mitad del siglo XVI, en la que, aun disminuida en número e importancia, continuó manteniendo los rasgos distintivos que la habían caracterizado desde la época de Carlomagno, es decir, la armadura y la lanza, y una segunda fase en la que, con el perfeccionamiento de las armas de fuego, ambas quedaron obsoletas. La introducción del mosquete desde mediados del siglo XVI selló el destino de la armadura, que la nueva arma perforaba incluso a cien metros de distancia, cosa que ningún arcabuz había conseguido nunca. Por tradición, reyes y generales continuaron haciéndose retratar por los pintores de la corte vestidos con armaduras muy elaboradas, pero en el caso de los soldados rasos la protección defensiva se redujo al yelmo y la coraza, de ahí el nombre de coraceros con el que comenzó a designarse la caballería pesada. En cuanto a las armas ofensivas, la opinión de los profesionales estaba casi siempre a favor de un par de pistolones, además de la inevitable espada, de manera que ya en la guerra de los Treinta Años el uso de la lanza pertenecía al pasado. También el estatus del combatiente a caballo se acercó decididamente al del combatiente a pie, como demuestra, entre otras cosas, la práctica igualación de los salarios.

En general, cabe decir que la caballería pesada, no obstante los intentos de modernización, nunca ha tenido un papel tan mediocre en los campos de batalla como en los siglos XVI y XVII. Solía utilizarse para un cometido análogo al de la caballería ligera, como ocurrió con los mercenarios alemanes, los *Reïtres*, que conquistaron una siniestra fama de bandoleros en la Francia de las guerras de religión. En el combate, los generales experimentaron con nuevas técnicas basadas en el empleo combinado del caballo y el arma de fuego, tales como la caracola, por la cual un escuadrón tras otro de coraceros se lanzaba contra el enemigo y descargaba los pistolones. Sin embargo, no parece que estas novedades fueran muy provechosas y, por lo demás, hoy sabemos que el futuro de la caballería no estuvo vinculado a las armas de fuego.

El cambio en el papel de la caballería influyó también en el modo de desplegar los ejércitos. Se hizo común alinear la infantería en el centro y relegar la caballería a las alas, casi como una especie de apéndice, alternando algunas veces unidades de mosqueteros con los escuadrones de caballeros para aumentar la moral y la fuerza de choque. Alineada en masas profundas de ocho y diez filas, la caballería acababa combatiendo una especie de batalla aparte, midiéndose con la caballería enemiga, dispuesta también en las alas. Si una de las dos conseguía imponerse y echaba a la adversaria del campo de batalla, se podía pensar en emplearla en masa contra la infantería enemiga, pero se necesitaba que esta, a su vez, se encontrara agotada por largas horas de combate. Solo entonces, cuando la infantería estaba ya desordenada e incluso en retirada, y las posiciones fortificadas del defensor se habían tomado al asalto, la caballería recuperaba su función para transformar una retirada en una derrota y seguir luego al enemigo en desbandada y aniquilarlo.

El estatus del soldado

La nueva hegemonía de los infantes en el campo de batalla acabó para siempre con la identificación del oficio de armas con la condición nobiliaria, que había reinado durante siglos en las sociedades europeas. Los nobles, bien entendido, continuaron considerándose los únicos depositarios de la tradición militar. A finales del siglo XVI, incluso un intelectual reflexivo como Montaigne continuaba dando por descontado que los sacrificios soportados en la guerra eran la contrapartida natural de los privilegios nobiliarios. «Si no hubiera que dormir en el suelo, aguantar el calor del mediodía con todas las armas encima, alimentarse de caballos y de asnos, verse hechos trizas y extraerse una bala de entre los huesos, soportar suturas, cauterizaciones y sondas, ¿cómo adquiriríamos la superioridad que queremos tener sobre los hombres del vulgo?». Pero este tipo de prejuicios, que, al menos en Francia, continuaría cultivando la nobleza de espada hasta la Revolución, ya hacía tiempo que era un anacronismo. La multitud de piqueros y de arcabuceros que formaba los ejércitos desde finales del siglo XV era tal que no habría podido estar formada solo por nobles.

En algunos países, como España, donde existía una nobleza rural muy numerosa y muy pobre, pudo ser habitual que un noble aceptara servir en la infantería, sin por eso renunciar a su honor. En todas partes, los capitanes y los cabos de escuadra que formaban las unidades de infantería solían proceder de la nobleza —que antes habría mirado con desconfianza un oficio semejante—, pero el grueso de los combatientes a pie era de origen plebeyo. No obstante, eran profesionales bien pagados, que sobre todo a comienzos de la época de la pica, entre los siglos XV y XVI, dominaban el mercado de los mercenarios y podían imponer sus condiciones salariales a los gobiernos más reacios. En efecto, comprobamos un notable acercamiento entre el estipendio de los infantes y el de los caballeros, que va a la par con la creciente apreciación del papel militar de la infantería. A mediados del siglo XV, un hombre de armas podía contar con un salario cinco veces mayor que el de un infante, y todo combatiente a caballo –incluidos los más modestos, como los arqueros– recibía un estipendio que, cuando menos, duplicaba el máximo que se pagaba a un infante, pero en el tiempo de las guerras de Italia, los combatientes a caballo, en su mayor parte caballos ligeros, cobraban menos que los infantes suizos.

Si estos últimos recibían salarios tan altos era, evidentemente, porque habían inventado las nuevas técnicas de combate, por eso eran infantes adiestrados y temidos, los que marcaban la verdadera diferencia en los campos de batalla. Con todo, el predominio inicial de los suizos no duró mucho, porque ya en los primeros decenios del siglo XVI el sur de Alemania se había convertido en el vivero de una infantería no menos competitiva en el mercado, la de los lansquenetes. Desde mediados de siglo, la primacía indiscutible fue de la dura infantería de los tercios españoles, comprometidos en una guerra sin fin en Flandes, aunque en este caso, como veremos, los crecientes problemas económicos de la monarquía española impidieron que aquellos veteranos recibieran unos salarios adecuados a su fama.

La pertenencia a estas unidades de elite no era solo garantía de buenos ingresos. El soldado disfrutaba de una situación social modesta, sí, en comparación con la del caballero medieval, pero incomparable con la condición proletaria del soldado del Antiguo Régimen. En todas partes, los soldados se enorgullecían de considerarse superiores a los campesinos y a los artesanos y de ostentar un lujo en el vestir que los acercaba a los caballeros. Como observó un contemporáneo: «Cualquier soldaducho de pica seca pretende competir en las armas y las ropas no solo con el cabo de su escuadra, sino también con el propio capitán». En la realidad del siglo XVI, el soldado podía creer que ocupaba un «estatus» prestigioso, quedaba en él mucho del profesional libre, con pretensiones de nobleza, que formaba las compañía mercenarias de finales de la Edad Media, y había también algo del caballero que obtiene su honor del hecho de arriesgar la vida al servicio del príncipe. Los «señores soldados» del ejército español compartían con sus oficiales una misma ideología del servicio y del honor, y todavía en 1632, en la batalla de Lützen, durante la guerra de los Treinta Años, Gustavo Adolfo de Suecia podía arengar a sus soldados en términos de «mis fieles y valientes hermanos», una expresión inconcebible en la boca de un soberano de época posterior.

Sin embargo, en esa fecha quedaba ya muy poco del pretendido esplendor de la condición militar. La prolongación de las hostilidades, que en las fronteras «calientes» de Europa —ante todo, la que separaba en Flandes el mundo católico del protestante— se habían hecho ya permanentes, habían despojado a la guerra de su carácter de aventura breve y provechosa; a los ojos de la gente se hacía cada vez más evidente que quien partía a la guerra no solía volver. Por eso, durante el siglo XVI ganó crédito la imagen poco agraciada —que circulaba ya desde hacía tiempo en ciertos ambientes, sobre todo eclesiásticos y burgueses— del soldado como un hombre casi desesperado, preocupado solo por la licencia y el botín, y dispuesto, por tanto, a llevar una vida de perros que nadie desearía.

La evolución tecnológica también contribuyó a descalificar socialmente al soldado, porque el arcabuz y el mosquete eran armas que, a diferencia de la pica, cualquiera podía aprender a usar con pocas horas de adiestramiento. En el mercado comenzó a bajar la capacidad contractual de los infantes y, con esta, los salarios pagados por unos gobiernos con el agua siempre hasta el cuello debido al aumento incontrolado de los gastos militares. Si a comienzos del siglo XVI el salario de un piquero se igualaba casi al de un pequeño caballero, a finales de siglo era inferior al de un jornalero. Esta caída de los salarios tuvo consecuencias devastadoras para la situación social del soldado. Enrolarse ya no era un oficio honroso, sino el último recurso antes de la mendicidad o la delincuencia, y la masa de los ejércitos estaba ya formada por aquella chusma que, en el *Enrique IV* de Shakespeare, sir John Falstaff califica cínicamente de «carne de cañón, carne de cañón, llenarán un hoyo tan bien como el mejor»[1].

Reclutamiento y organización

Los emprendedores y el Estado

Los historiadores siempre han subrayado los intentos de las monarquías del siglo XV de constituir fuerzas armadas permanentes, y han querido ver en esta circunstancia el origen de

---

1. *Enrique IV,* William Shakespeare, acto IV, escena II, trad. Luis Astrana Marín, Aguilar, Madrid, 1974 *(N. de la T.).*

los ejércitos permanentes del Antiguo Régimen. En realidad, tales intentos se abandonaron pronto en todas partes, sea porque habrían requerido una organización administrativa muy superior a la de los gobiernos de la época, sea porque el tipo de combatiente que debían proporcionar, hombres de armas reclutados entre la nobleza y arqueros puestos a disposición por las comunidades, se había vuelto anacrónico con la evolución técnica de la guerra. En los siglos XVI y XVII no existían ejércitos permanentes. Se ha querido definir así al ejército español de Flandes, ya que aquella poderosa armada de veteranos, empeñada durante más de un siglo en una guerra sin cuartel contra medio mundo, se alimentaba de un flujo incesante de reclutas, pero, en realidad, también en ese caso las únicas estructuras permanentes eran las burocráticas, que aseguraban el pago del sueldo y el alojamiento de las tropas. Cada unidad se reclutaba y se equipaba conforme al mismo sistema, que predominaba en toda Europa, y que podríamos calificar de mixto. De hecho, esta es la época de la gran inversión privada coordinada por el Estado.

Como en tiempos pasados, el emprendedor en contacto directo con los soldados era el capitán; es decir, un noble que reunía una compañía, la ponía al servicio del mejor pagador y la dirigía personalmente en la batalla. Pero en una Europa dominada por las grandes potencias monárquicas y por unos aparatos burocráticos cada día más capilares quedaba menos espacio para la competencia salvaje; ningún gobierno habría permitido que un individuo cualquiera entrara a reclutar gente en su territorio para llevarla quién sabe dónde, quizá al servicio del enemigo. Por el contrario, lo que ocurría era que por encima de los capitanes actuaban los grandes emprendedores, que ofrecían sus servicios al gobierno y se comprometían, mediante un contrato en firme, a reclutar y armar una determinada fuerza. En este caso es evidente que, más que la capacidad militar del emprendedor, contaban la disponibilidad de capital, la eficacia organizativa y los buenos contactos, al tiempo que los capitanes se iban convirtiendo en agentes o dependientes de un emprendedor más importante.

El negocio era enorme y nunca dejó de aumentar durante todo el periodo que nos ocupa, porque los Estados, a falta de una organización burocrática adecuada, confiaban cada vez más en la inversión privada para enrolar a sus tropas. A comienzos del siglo XVI, para mantener unidos a sus hombres, todavía se necesitaba que el emprendedor los acaudillara personalmente en la guerra, aunque lo que contaba para él era, sin la menor duda, el aspecto económico del asunto. El famoso Georg von Frundsberg, que comandaba a los lansquenetes de Carlos V en Italia, había acumulado una fortuna equiparable a la de un gran banquero. En la época de la guerra de los Treinta Años, los grandes emprendedores militares, como Albrecht von Wallenstein, eran más ricos y más poderosos que muchos príncipes, y trataban con los gobiernos como podía hacerlo hoy un exponente del gran capital financiero. Gracias al crédito que disfrutaba entre los banqueros más importantes, Wallenstein era capaz de reunir a sus expensas ejércitos enteros, vestirlos y armarlos con los productos de sus fábricas y entregárselos, por así decirlo, llave en mano, a su principal socio, el emperador. Por inclinación personal y sobre todo por ambición política, Wallenstein negoció a cambio de sus servicios el mando de los ejércitos imperiales que él había reclutado, pero a ese mismo nivel también había emprendedores que jamás pisaban un campo de batalla y que se limitaban a gestionar las complejas transacciones financieras y a entregar al cliente la tropa acordada.

Los ejércitos así reclutados tenían una composición internacional, aunque la pertenencia religiosa —católicos contra protestantes— contaba de un modo decisivo en una época en la que casi todas las guerras eran también, de un modo u otro, guerras de religión. En 1588, año en que la flota española conocida como la *Armada Invencible* intentó sin éxito invadir Inglaterra, el ejército español de Flandes contaba con un 15,8 por ciento de españoles, un 9,6 por ciento de italianos, un 32,3 por ciento de valones, es decir, de flamencos católicos, un 20,5 por ciento de alemanes que hablaban *hochdeutsch,* es decir, procedentes del centro y el sur de Alemania, un 15,6 de alemanes *plattdeustch,* procedentes del norte y de la zona de Renania y más del 5,9 por ciento de borgoñones, escoceses e irlandeses.

Pero, una vez al servicio del rey de España e integrados en los tercios, ya nadie era un mercenario dispuesto a combatir para el mejor postor, lo cual representaba un cambio respecto al pasado reciente. Todavía en 1562, en la batalla de Dreux entre las fuerzas protestantes y las católicas que se enfrentaban en Francia, ambas partes llevaban suizos a su servicio, que, en los encuentros, «atacaban con las picas bajas, sin asestar un golpe», y lansquenetes, que eran todos luteranos y que, debido a eso, cuando llegaba el enfrentamiento «disparaban al aire, por así decirlo», como refirió un testigo ocular, pero eran situaciones destinadas a ser cada vez más raras. La actividad emprendedora estaba ya coordinada por el Estado, en cuyo esfuerzo burocrático hay que ver el ocaso del mercenarismo tradicional y el auténtico origen de los futuros ejércitos permanentes.

En efecto, el Estado, además de estipular los contratos con los emprendedores, debía controlar la ejecución, inventariar a la tropa y, sobre todo, una vez pasada la revista, pagarla. No cabe duda de que se pagaba poco y mal, y siempre con retraso, hasta el punto de que las tropas españolas en Flandes se amotinaban con frecuencia para reclamar el pago de los atrasos, pero el esfuerzo administrativo que se requería era tal que en todas las burocracias estatales los departamentos dedicados al gasto militar fueron haciéndose cada vez más grandes. Los ejércitos de los siglos XVI y XVII no eran todavía comparables en absoluto a los del Antiguo Régimen, a los que el rey proporcionaba armas y uniformes, y, al menos durante las campañas, rancho y alojamiento. Aquí el cometido de vestir y equipar a la tropa estaba regulado por los acuerdos entre el gobierno y el emprendedor, y los soldados, una vez pagados, debían arreglárselas en lo relativo a la comida y el alojamiento, pero, en definitiva, estaban en la nómina del rey y, como tales, cada vez eran menos comparables a los mercenarios.

Las milicias nacionales

Junto a los voluntarios reclutados a través de los emprendedores, los Estados del siglo XVI se esforzaron por organizar milicias semipermanentes, formadas por hombres que las comunidades locales estaban obligadas a ceder y a equipar de un modo proporcional a su tamaño. Jurídicamente, estas milicias se basaban en un principio tradicional, según el cual todos los súbditos debían responder a la llamada del soberano para la defensa de la patria, pero la intención era también superar el carácter provisional que caracterizaba la convocatoria de los contingentes locales en época medieval. La idea era que de cada diez o doce contribuyentes había que equipar a un hombre, que podía ser uno de ellos o un voluntario elegido para tal fin. Las unidades así formadas debían reunirse periódicamente para que los funcionarios encargados les pasaran revista y comprobaran que estaban equipadas de un modo conveniente antes de someterse al adiestramiento colectivo. La «milicia campesina» organizada en Piamonte por Emanuele Filiberto a partir de 1560 es, junto con las *cernide* venecianas, el ejemplo más conocido en el caso italiano de este tipo de organización, que tuvo sus equivalentes en muchos países de Europa, por ejemplo en las *trained bands* de la Inglaterra isabelina, encargadas de defender la isla de la amenaza de una invasión española.

El principio de la milicia nacional gozaba de buena prensa en los ambientes intelectuales después de que Maquiavelo fuera el primero en atribuir la debilidad militar de los Estados italianos a la falta de «armas propias», es decir, a la excesiva confianza en los mercenarios extranjeros. Los gobiernos aspiraban a hacer igualmente popular la milicia entre la gente común, estimulándola con numerosos privilegios, como el permiso de portar armas o las exenciones fiscales a los que se elegían o pasaban el sorteo para cumplir con este servicio a tiempo parcial. Pero en la realidad de la Europa del siglo XVI, en plena expansión económica, las obligaciones de este tipo eran muy impopulares. La organización de la milicia se resolvía con demasiada frecuencia en la creación de puestos, grados, estipendios y sinecuras para los notables que integraban los cuadros, al tiempo que se corría el peligro de que la auténtica tropa estuviera formada por los peores elementos, de los cuales las comunidades se libraban encantadas, o bien se la convocaba tan pocas veces que no alcanzaba una verdadera eficacia bélica.

En efecto, en el siglo XVII, los gobiernos entendieron que mantener milicias suponía un gasto y un coste político superior a sus ventajas, de modo que la totalidad del dispositivo continuó existiendo solo en el papel, eso cuando no desapareció del todo: a finales de siglo, el rey de España contaba todavía con casi medio millón de súbditos inscritos en los roles de la milicia, pero apenas una octava parte de ellos estaba efectivamente armada. El único reino que hacia finales de nuestro periodo supo hacer un uso creativo del servicio militar nacional, anticipando así decididamente el futuro, fue Suecia, que durante la guerra de los Treinta Años mantuvo para los campesinos llamados a filas la obligación de servir al rey en armas, pero, en vez de crear unidades de milicia, insertó a los reclutas directamente en las unidades que servían en la guerra, lo que, a todos los efectos, supuso el servicio obligatorio. Pero Suecia era un caso muy especial, un reino pequeño que, durante un instante, se encontró cumpliendo una función militar desproporcionada respecto a su potencial humano, y la obligación del servicio tuvo tales efectos deletéreos para su economía y su demografía que no fue, precisamente, un ejemplo a imitar.

Compañías y regimientos

En el plano organizativo, todo ejército era todavía, en lo esencial, un conjunto de compañías. Alejandro Farnesio, que comandaba el ejército español de los Países Bajos, informando en 1588 a Felipe II del estado de sus tropas, indicaba el número de «estandartes» que lo componían por nacionalidades. Por ejemplo, la infantería italiana estaba formada por 5339 hombres, divididos en cincuenta y nueve estandartes. En otras palabras, cada compañía era una entidad administrativa autónoma, comandada por su capitán, con su bandera y con un número de hombres que, durante una campaña, podía descender incluso a menos de cien, aunque en el momento del reclutamiento las ordenanzas previeran grupos mucho mayores. Todos los soldados estaban registrados como pertenecientes a una compañía y el sueldo del gobierno se distribuía a través de los capitanes, que conservaban su función de emprendedores y propietarios de sus compañías.

En el campo de batalla, para crear las formaciones que hemos descrito y que son el origen del batallón moderno, los generales debían reunir varias compañías. Pero, a decir verdad, sabemos muy poco de cómo se lograba esto en la práctica, porque, en general, cada compañía tenía su cuota de piqueros y arcabuceros, y, por tanto, es posible que durante la batalla las compañías se descompusieran y sus distintos integrantes se combinaran por separado. Pero no conviene olvidar que las grandes batallas no eran la regla, sino la excepción, y que, por tanto, durante la agotadora cotidianeidad de las marchas, las acampadas y los asedios la compañía continuaba siendo una unidad operativa, y no solo administrativa.

La época de la guerra de los Treinta Años vio nacer también el regimiento, una nueva forma de organización administrativa. El emprendedor que se ponía de acuerdo para consignar un cierto número de compañías, si era un militar y las dirigía personalmente en la guerra, tomaba el título de coronel, y el conjunto de las compañías a sus órdenes, desde un mínimo de cinco o seis hasta diez o doce, constituía su regimiento. Según los casos, el regimiento podía operar como tal en el campo de batalla, igual que los tercios españoles, o bien podía ser utilizado exclusivamente desde el punto de vista administrativo en aquellos ejércitos que preferían organizarse tácticamente en batallones más ágiles. En todo caso, tenía ya una identidad, que se reconocía por el hecho de que el coronel-propietario mandaba sobre sus hombres vestidos todos del mismo color.

Y este es el origen del uniforme, que, como veremos en el próximo capítulo, ya no se impondrá solo a los regimientos, sino al ejército en su totalidad. También otros aspectos que acabarían imponiéndose a gran escala en los ejércitos del siglo XVIII surgieron antes en el nivel del regimiento. Es el caso del adiestramiento, es decir, la idea de que el soldado no solo debía saber utilizar su arma, sino también ser capaz de maniobrar con el conjunto, siguiendo de un modo mecánico los ejercicios probados con anterioridad. Hemos visto que entre los siglos XVI y XVII comenzaron a imprimirse los primeros manuales que enseñaban el ejercicio militar, reduciendo a esquemas mecánicos el manejo de la pica y del mosquete, los movimientos de las compañías y de los batallones, pero los coroneles eran todavía libres de adoptar para sus hombres el sistema que prefirieran. Hasta los grandes ejércitos homogeneizados de la época de Luis XIV, que trataremos en el próximo capítulo, esa uniformidad, que en origen era característica del regimiento, no se extenderá al ejército entero.

La estrategia

La escalada numérica

Entre los siglos XV y XVI, las monarquías europeas dispusieron de medios financieros mucho mayores que en tiempos pasados gracias al progresivo aumento de sus aparatos burocráticos y a una creciente capacidad de exacción fiscal. Por otra parte, la tasación real se aplicaba a una economía en fuerte crecimiento debido a la enorme afluencia de oro y plata procedente de las nuevas colonias americanas. El resultado fue un impresionante aumento del tamaño de los ejércitos que entraban en batalla. El ejército francés que asedió Pavía en 1525 estaba formado por veintitrés mil infantes y ocho mil caballeros, y el español que lo dispersó comprendía veinte mil infantes y cinco mil caballeros, cifras que pueden parecer muy bajas a nuestros ojos, pero que resultan imponentes para los efectivos de las batallas del siglo XV. El mismo aumento significativo se produjo en el número de hombres que un gobierno podía mantener asalariado, incluso en tiempos de paz, para asegurar las guarniciones de las numerosas plazas fuertes, un gasto que gravaban mucho menos los presupuestos de los Estados tardomedievales, pero que eran cada vez más considerables debido al progreso de las fortificaciones y a la creciente importancia estratégica de las plazas fuertes, como veremos en el próximo subepígrafe. El emperador Carlos V, que disponía de los recursos de las Indias y debía mantener ejércitos de ocupación en Italia y en Flandes, llegó a tener asalariados a mediados del siglo XVI a cerca de ciento cincuenta mil hombres, en su gran mayoría inmovilizados en las guarniciones. En el plano organizativo, esto todavía no tenía nada en común con el concepto de ejército permanente que aparecería más adelante, pero es cierto que los gobiernos estaban ya obligados a incluir en sus presupuestos enormes gastos militares, que poco tiempo antes eran prácticamente inexistentes en épocas de paz.

Después del impresionante aumento de principios del siglo XVI, los ejércitos dejaron de crecer, y todavía durante la guerra de los Treinta Años mantenían, en lo esencial, las mismas dimensiones: en la decisiva batalla de Rocroi (1643) se enfrentaron veinticuatro mil franceses y diecisiete mil españoles. En parte, el estancamiento fue consecuencia de las crisis económica y demográfica en las que se sumió Europa a finales del siglo XVI, de modo que los costes tenían unas limitaciones que nadie podía permitirse traspasar. Cuando el gobierno de Felipe II comenzó a planificar la invasión de Inglaterra, se calculó que la fuerza óptima debería comprender 556 naves, con treinta mil marineros y sesenta y cinco mil soldados a bordo, lo cual costaría en su totalidad cuatro años de rentas de las minas de oro y plata de América. Una carga semejante era por completo insostenible, de modo que la armada que zarpó en 1588 para invadir el reino de Isabel contaba solo con 128 naves, cerca de diez mil marineros y veinte mil soldados a bordo; ni siquiera un tercio del óptimo previsto.

Pero era el caso límite de una operación absurdamente sobredimensionada para la época, que no por casualidad acabó en catástrofe. Cuando se proponían objetivos más razonables, las monarquías absolutas conseguían poner en el campo las fuerzas necesarias recaudando de sus súbditos un porcentaje cada día mayor de la riqueza producida y, de ser necesario, no dudaban en endeudarse o en ir a la bancarrota con tal de encontrar dinero para gastar en la guerra. Más que los costes, lo que limitaba los ejércitos eran la insuficiencia burocrática y la escasa organización logística, que los impedían superar un cierto umbral. En realidad, se podía reclutar un número mayor de hombres, pero luego era imposible alimentarlos y pagarlos con regularidad, así que el agotamiento de las campañas, las enfermedades y las deserciones reducían enseguida el tamaño de los ejércitos. En el verano de 1632, Gustavo Adolfo de Suecia consiguió comandar en Alemania un ejército campal de cuarenta y cinco mil hombres, uno de los más poderosos jamás reunidos en Europa. Pero alimentar tantas bocas, cuyo número superaba el de la población de cualquier ciudad alemana de la época, se reveló superior a sus posibilidades organizativas y a los recursos de aquel teatro de guerra, tanto es así que en la decisiva batalla de Lützen, librada el 16 de noviembre del mismo año, solo quedaban bajo sus banderas menos de dieciocho mil.

La cifra parece mucho más baja si se considera que, en la misma fecha, los gobiernos protestantes que representaba Gustavo Adolfo en el campo mantenían y pagaban, bien o mal, a ciento ochenta y tres mil soldados, en su mayor parte inmovilizados en las guarniciones o empleados localmente en los distintos escenarios de la campaña. Dicho de otro modo, se daba una llamativa desproporción entre el total de las tropas dependientes de los presupuestos y aquellas que conseguían formar ejércitos efectivamente operantes. En parte, era el resultado de una ampliación de los horizontes estratégicos, que hacía posible conducir la guerra al mismo tiempo en distintos frentes para alcanzar unos fines comunes, que para Gustavo Adolfo eran ni más ni menos que la aniquilación del imperio católico. En general, sin embargo, la propia concepción de la guerra tenía un carácter antieconómico, ya que en los siglos XVI y XVII era lo menos parecido a una guerra relámpago, basada en la concentración de las fuerzas, como la practicaría después Napoleón. Se trataba de un enfrentamiento agotador, lento, dirigido al desgaste del adversario y, en consecuencia, terriblemente costoso, o bien, como lamentaba en 1630 un noble español, «una especie de tráfico comercial en el que vence aquel que tiene más dinero».

Si esto era así, no hay que buscar la explicación únicamente en la insuficiencia de los recursos, la escasez de los números y la morosidad de la burocracia, aunque todos estos aspectos tuvieran su peso específico. Una razón aún más importante, que merece examen aparte, es la enorme importancia que las fortificaciones y los asedios habían adquirido en la estrategia bélica, hasta el punto de hacer inevitablemente lento el ritmo de las operaciones.

Fortificaciones y asedios

La aparición de las armas de fuego durante el siglo XV había dejado obsoletas de golpe todas las fortificaciones existentes. La fabricación de los primeros cañones fue tan costosa que se convirtieron en una especie de monopolio estatal a todos los efectos; además, requerían enormes tiros de bueyes para su transporte, lo que nos permite imaginar la lentitud con la que se trasladaban; tenían una cadencia de tiro lentísima y explotaban con una facilidad inquietante; pero todas estas limitaciones, que retrasaron su empleo efectivo en el campo de batalla, contaban poco o nada en un asedio. Unos cuantos cañones, disparando sus proyectiles de piedra contra los muros de un castillo o contra las murallas de una ciudad, podían abrir una brecha en pocas horas y obligar a rendirse a sus habitantes. En un primer momento, la artillería de asedio cambió radicalmente el tiempo de las campañas militares y con el tiempo también las ideas estratégicas, en beneficio de las grandes potencias, las únicas en condiciones de disponer de un parque de cañones adecuado. En 1494, los cuarenta o cincuenta cañones que llevó Carlos VIII a Italia maravillaron a los observadores contemporáneos y frustraron de hecho cualquier intento de resistencia a la invasión francesa, porque verdaderamente representaban lo mejor que ofrecía la técnica de la época. Los más modernos estaban fundidos en bronce y montados en hierro, como las primeras bocas de fuego medievales, una técnica muy costosa pero capaz de producir armas más seguras, más ligeras y más resistentes. Se había comprendido, además, que los calibres monstruosos y casi imposibles de trasladar de un sitio a otro no eran la elección más acertada. Ahora, los cañones eran ya de menor calibre y, por tanto, más fáciles de transportar y capaces de alcanzar una mayor cadencia de tiro. Arrastrados por caballos, no por bueyes, con balas de hierro y no de piedra, se parecían ya a los cañones modernos mucho más que las bombardas de asedio de cincuenta años antes, por eso no es casualidad que en esta época se comenzaran a utilizar regularmente incluso en la batalla.

No obstante, como ocurre siempre en la historia de la técnica militar, la invención de un arma nueva condujo enseguida a la creación de contramedidas. Arquitectos e ingenieros se pusieron a estudiar la construcción de muros capaces de ofrecer mayor resistencia a las balas de los cañones y abandonaron los muros lineales que habían sido la forma más eficaz de defensa durante milenios. Italia, que entonces se hallaba a la vanguardia técnico-científica, desempeñó también una función esencial en el desarrollo del nuevo arte de la fortificación. Una de las primeras respuestas fue la *rocca*, que ha dejado tantos ejemplos visibles en las ciudades italianas: es decir, una fortaleza dotada de torreones redondos bajos y macizos, mucho más resistentes al impacto de las balas de los cañones que las viejas torres cuadradas y esbeltas, y capaces de acoger, a su vez, piezas de artillería para la defensa.

Los estudios de balística continuaron progresando, y en la primera mitad del siglo XVI se difundió por Europa un modelo mucho más avanzado y radicalmente innovador de muralla, conocido en Italia como «obra a la moderna» y en el extranjero como *trace italienne* o traza italiana en español. Las murallas eran ya más bajas, más macizas y estaban reforzadas con terraplenes para absorber el impacto de las balas, de ellas partían a breves intervalos unas construcciones de forma más o menos triangular: los llamados baluartes o bastiones. Formados por terraplenes revestidos de una gruesa obra de mampostería, con los ángulos calculados para minimizar el impacto de los proyectiles, los baluartes eran, efectivamente, plataformas destinadas a cañones y arcabuces para tener a tiro a los asediantes, impedir que se acercaran a las murallas con la intención de tomarlas al asalto, como se hacía en otros tiempos, y obstaculizar también el emplazamiento de la artillería de asedio.

Los gobiernos dispuestos a invertir en obras de defensa podían incluso rodear una ciudad de una doble cinta de baluartes intercalada de fosos. Evidentemente, este tipo de obra necesitaba un espacio enorme, de donde deriva la característica tal vez más asombrosa de las ciudades de los siglos XVI y XVII, que nunca deja de sorprendernos cuando las vemos representadas en un mapa o en un plano de la época, o incluso en la increíble serie de maquetas a escala de todas las plazas fuertes del reino de Francia, encargada por Luis XIV y expuesta en el Museo de los Inválidos de París; es decir, que el conjunto de las obras defensivas, con su inconfundible forma de estrella, era algunas veces tanto o más extenso que la propia ciudad. Se comprende que todos estos gastos representaran una carga muy pesada para los presupuestos del Estado, de ahí una variante menos costosa, adoptada por los gobiernos menos pudientes, que consistía en edificar una ciudadela a las afueras de la ciudad. En lo esencial, se trataba de una fortaleza rodeada, a escala más reducida, del mismo muro de baluartes, y destinada a resistir incluso cuando el enemigo se adueñara de la verdadera ciudad; una innovación tanto más útil en aquellos casos, nada infrecuentes, en que el gobierno tampoco se fiaba demasiado de los humores políticos de sus ciudadanos.

La enorme inversión de los gobiernos en las fortificaciones de las ciudades y, sobre todo, en las plazas fuertes de las fronteras hizo más largos y duros los asedios, lo que absorbió cada vez en mayor medida la actividad de los ejércitos en campaña. Si las de Italia habían sido guerras de movimiento, dominadas por la nueva potencia de la artillería, las posteriores guerras del siglo XVI, libradas en el decisivo suelo de Flandes, se empantanaron en una agotadora secuencia de asedios interminables, pero, con una diferencia fundamental respecto al pasado, porque para asediar una plaza fuerte ya no bastaba con acampar en el exterior y asaltar repetidamente las murallas hasta conseguir escalarlas. Las obras de defensa y la artillería que tenían a su disposición convertían los asedios en una empresa complicada, que requería una tecnología y una competencia antes inimaginables. Solo para trasladar la artillería de asedio a distancia de tiro se necesitaba un largo trabajo de excavación de trincheras y levantamiento de fortificaciones provisionales, dirigido por ingenieros sobre la base de precisos cálculos balísticos. El asedio se convirtió en una operación científica de larga duración, tan cara y extenuante para el ejército asediante como para los defensores.

Trabajando con pico y pala, los asediantes extendían sus líneas de trincheras, abrían fosos para acercarse más a las defensas e instalaban sus baterías en reductos fortificados para acallar a las enemigas. Puesto que las líneas de asedio fortificadas debían servir tanto para ejercer presión sobre los defensores como para proteger al ejército asediante del posible ataque de un ejército de socorro, estas acababan adoptando unas dimensiones colosales y extendiéndose por decenas y decenas de kilómetros. Una posterior innovación fueron los llamados trabajos de mina, que consistían en excavar galerías para llegar hasta un punto decisivo del muro de bastiones y derrumbarlo con explosiones de barriles de pólvora. A su vez, los defensores excavaban galerías contra las minas para interceptar y destruir las de los asediantes, con el objetivo de sepultar mediante la explosión al mayor número de ellos. Para las tropas que participaban en el asedio, esta vida de ratones era mucho más dura y mucho más peligrosa que el combate campal.

Se entiende así que el asedio de una plaza fuerte importante pudiera absorber durante muchos meses e incluso años los recursos de todo un ejército, además de ocasionar pérdidas considerables, a lo que las enfermedades contribuían no poco. La propia decisión de asediar una ciudad, y por la otra parte la de fortificarla al estilo moderno, situar en ella una guarnición y afrontar la defensa a ultranza, tenían una gran relevancia estratégica y hasta política. Comenzaba así una época destinada a durar hasta comienzos del siglo XVIII, que incluyó de pleno las guerras del Rey Sol, donde la planificación y el desarrollo de una campaña de asedios eran más importantes que las batallas campales. La única excepción (parcial) fue la guerra de los Treinta Años, combatida en gran parte en las llanuras de la Europa central, donde las fortificaciones a la italiana tenían una difusión menor, bien porque muchos gobiernos carecieran de medios, bien por puro y simple atraso técnico. Allí todavía era posible asaltar una ciudad de un día para otro y someterla después a saqueos tan espantosos como el de Magdeburgo, perpetrado en 1631 por el ejército imperial, que en dos días redujo la ciudad a una ruina humeante con sus veinticuatro mil habitantes dentro. Pero en conjunto, el asedio prolongado fue un aspecto fundamental de la guerra de los siglos XVI y XVII, que condicionó decisivamente la visión estratégica de la época; y no es casual que muchas batallas decisivas se libraran entre un ejército asediante y otro que intentaba socorrer a los asediados, como en Pavía (1525), San Quintín (1557), Nördlingen (1634), Rocroi (1643) o Marston Moor (1644).

La guerra naval

A lo largo de los siglos XVI y XVII se fue acentuando la distancia entre la guerra naval del Mediterráneo y la oceánica.

La primera se hacía con naves y medios que, en lo esencial, representaban una puesta al día de los que se usaban desde la Antigüedad, mientras que la zona atlántica era el laboratorio en el que tomaba forma un modo enteramente nuevo de navegar y de combatir en el mar.

El Mediterráneo

En el Mediterráneo, donde combatían sobre todo las potencias católicas contra las escuadras turcas y contra los piratas berberiscos del norte de África, la nave de guerra más común continuaba siendo la galera de doble propulsión, es decir, dotada tanto de velas como de remos, no muy distinta de las trirremes de la Antigüedad. Sin embargo, no era por retraso técnico, sino porque en las condiciones climáticas mediterráneas, donde los vientos no son fuertes y abundan las bonanzas, la dependencia de la vela podía ser desventajosa. Capaz de zarpar cuando se deseaba, incluso sin viento, y de alcanzar cualquier embarcación a vela, la galera continuaba siendo la protagonista natural de la guerra naval en el Mediterráneo.

Desde el siglo XV, la actualización tecnológica de la galera consistió en el añadido de piezas de artillería, que no obstante solo podían situarse a proa y a popa, dado que los costados iban ocupados por los remeros. Para superar esta limitación técnica, los ingenieros navales venecianos proyectaron la galeaza, en la práctica una galera sobredimensionada, capaz de embarcar a una cantidad muy superior de artillería, hasta unos cincuenta cañones. Entre las galeras, una galeaza era como un escualo entre pececillos, pero los costes de la construcción impedían armar un número suficiente, de modo que la galera continuó siendo la espina dorsal de las flotas mediterráneas. La imposibilidad de montar en la galera más bocas de fuego limitó el desarrollo de la artillería naval, que, por tanto, cumplió una función importante pero no decisiva en los combates del Mediterráneo. Lo mismo vale para los arcabuces que llevaba una parte de los soldados a bordo. La potencia de fuego no era suficiente para decidir el resultado del encuentro a distancia, y una batalla naval se resolvía cada vez más con maniobras de embestida y abordaje, en las que al final lo que decidía el éxito era sobre todo la fuerza de las tropas a bordo. Por tanto, el aumento de los recursos financieros invertidos por los gobiernos se tradujo en una impresionante escalada de los efectivos. En 1571, en la batalla de Lepanto, las dos flotas enfrentadas, la cristiana y la turca, sumaban más de cuatrocientas galeras, con dos mil quinientas piezas de artillería y ciento sesenta mil hombres embarcados, de los cuales pudo morir una cuarta parte.

El océano

Las potencias atlánticas, es decir, España y Portugal por la parte católica, e Inglaterra y Holanda por la protestante, invirtieron principalmente en la navegación a vela. El desarrollo de un velamen más complejo, el paso de uno a tres árboles y el aumento del tonelaje favorecieron el diseño de nuevos tipos de nave. A finales del siglo XV se impusieron la carraca, una poderosa embarcación con altos castillos de popa y de proa y diversos puentes, capaz de acoger un gran número de cañones, y la carabela, más pequeña, también con tres árboles, pero con un arqueo no superior a las ciento cincuenta toneladas y pocas decenas de tripulantes. Más tarde, hacia mediados del siglo XVI, la carraca evolucionó a galeón, de concepción más estrecha, bastante más largo y bajo de borda, que pronto se convirtió en la osamenta de todas las flotas de guerra. Este rápido desarrollo tecnológico estaba dictado por necesidades de la navegación oceánica, en el marco de la exploración y la colonización de otros continentes, que precisamente en esta época conoció su gran fortuna. Pero pronto se descubrieron también las ventajas militares, porque las grandes naves de vela podían embarcar artillería a todo lo largo de los costados y, por tanto, alcanzar una potencia de fuego enormemente superior a la de las galeras. En el momento en que empezaron a practicarse unas portillas en los costados para colocar las bocas de los cañones, en torno a los primeros años del siglo XVI, surgió el nuevo modo de luchar en los mares, que iba a predominar hasta la aparición de la nave de vapor y de la artillería en torreta durante el siglo XIX.

En cuanto se entendieron las posibilidades que ofrecía la artillería embarcada, el trabajo de los ingenieros navales consistió en proyectar naves cada vez más poderosas, capaces de alojar una artillería enorme. Desde los inicios del siglo XVI, la carrera del armamento naval produjo naves monumentales y sobrecargadas de cañones. La carraca *Great Harry,* construida en 1514 para el rey inglés Enrique VIII y en servicio hasta 1552, tenía un arqueo de mil quinientas toneladas, con doscientas bocas de fuego a bordo, en su mayor parte de pequeñas dimensiones. Con la llegada del galeón disminuyó la tendencia al gigantismo, para volver con más entusiasmo que nunca durante las monarquías absolutas de principios del siglo XVII, indudablemente por razones más simbólicas que militares. La *Sovereign of the Seas,* flotada en 1637 como buque insignia de la flota inglesa, tenía mil quinientas toneladas y llevaba ciento cuatro cañones. Un número tan elevado de bocas de fuego debía disponerse en varios puentes, en filas superpuestas; de ahí que las naves presentaran un perfil alto e imponente, incluso a costa de sacrificar la capacidad de maniobra y la seguridad. Más de una nave grande de la época fue incapaz de salir del puerto y se hundió durante su viaje inaugural, como le ocurrió en 1628 al buque insignia sueco *Wasa,* hoy recuperado y expuesto en un extraordinario museo de Estocolmo.

Pero estos eran casos prácticamente límite, ya que las flotas de la época se caracterizaban por una absoluta falta de homogeneización, de modo que existían naves de todas las dimensiones sin ninguna especialización particular. La flota española que zarpó en 1588 para invadir Inglaterra contaba con galeones de trescientas, cuatrocientas y quinientas toneladas junto a gigantes de más de mil, con un armamento variable de veinte a cincuenta cañones, y unas tripulaciones, comprendidos los soldados a bordo, de menos de doscientos a quinientos hombres. La flota inglesa, aunque compuesta en gran parte de naves construidas o reestructuradas en el último decenio, era igualmente heterogénea, si bien medianamente superior en tonelaje, bocas de fuego y número de hombres embarcados.

Es evidente que las naves de guerra oceánicas requerían una enorme inversión, lo que explica por qué, en ausencia de progresos tecnológicos significativos, se mantuvieron mucho tiempo en servicio. Algunas de las naves inglesas que derrotaron a la *Armada Invencible* en 1588 continuaban en servicio todavía noventa años después. Pero lo que cuenta sobre todo es que una inversión de estas dimensiones y de esta duración exigía una participación creciente de capital público. Los gobiernos construían y gestionaban sus propios arsenales, astilleros y fundiciones de cañones, y creaban organismos administrativos responsables de gestionar las flotas. No todas las naves de guerra eran de propiedad estatal, desde luego, ya que muchas pertenecían aún a los armadores privados, pero se consolidaba el principio de que el Estado debía disponer de un núcleo permanente de naves propias y de que las decisiones constructivas podían representar un problema que se afrontaba en las sedes políticas.

En todo caso, sería un error creer que, una vez introducida la artillería a bordo, la técnica del combate naval cambió de un día para otro. El empleo de los cañones y la coordinación del fuego de una escuadra planteaban problemas teóricos y prácticos no indiferentes, y se necesitó mucho tiempo para que los marineros descubrieran las mejores soluciones. Todavía en la época del intento de invasión de Inglaterra por parte española, el uso de la artillería a distancia era poco eficaz y había quien continuaba sosteniendo la superioridad de la embestida y el abordaje. En efecto, la escuadra inglesa, que estaba a la vanguardia de la teoría en el uso del cañón a distancia, no habría conseguido imponerse a la escuadra española sin la ayuda de las condiciones atmosféricas.

A pesar de la lentitud del desarrollo técnico y táctico, desde comienzos del siglo XVI, las naves oceánicas europeas eran ya capaces de superar a las de los países musulmanes y del Extremo Oriente. En 1502, Vasco de Gama destruyó una gran flota musulmana en la costa de Malabar, empleando exclusivamente la artillería embarcada en sus carracas y carabelas;

a partir de entonces, las flotas supusieron uno de los factores decisivos de la supremacía occidental, que en ese momento comenzaba a manifestarse con la agresiva creación de las primeras bases coloniales. Con la extensión de la hegemonía europea en los océanos, apareció también una nueva forma de guerra naval, la guerra de saqueo. Es patente que la piratería había existido siempre en todos los mares, y que en algunos continúa existiendo, pero en este caso nos encontramos frente a un hecho relativamente distinto; es decir, una actividad de emprendedores privados que recibían del Estado la autorización para armar naves y batir los océanos a la caza de presas pertenecientes a potencias enemigas. El tráfico de los galeones españoles de las Américas fue la primera víctima de los corsarios ingleses y holandeses, pero con el progresivo crecimiento del comercio inglés también los enemigos de Inglaterra, Francia el primero, no tardaron en hacer amplio uso de la guerra corsaria, que estuvo en vigor hasta la época del Rey Sol.

3. La guerra durante el Antiguo Régimen

Introducción

Durante la guerra de los Treinta Años y la Guerra Civil Inglesa, la organización militar de los reinos europeos entró en una nueva fase de cambio y crecimiento por obra de grandes comandantes militares que eran también jefes de Estado, como Gustavo Adolfo de Suecia o el inglés Cromwell. Las novedades que introdujeron se generalizaron después en el curso de las largas guerras que enfrentaron a Francia con Holanda, con Inglaterra y con el Imperio durante el reinado de Luis XIV, el Rey Sol (1643-1715). La consolidación definitiva de las monarquías absolutas, y de lo que los historiadores suelen llamar el Antiguo Régimen, supuso la estabilización de una organización militar y de un modo de hacer la guerra que se conservaron en gran parte sin cambios hasta las reformas y las revoluciones de finales del siglo XVIII.

En esta época, la guerra adoptó unas características muy distintas a las de las feroces guerras de religión de la época anterior. Esto ocurrió en parte porque la cultura ilustrada influyó de un modo decisivo en la actuación de los gobiernos y de los propios generales. La guerra entre los países europeos comenzó a combatirse de común acuerdo, según reglas formales que aspiraban a ser científicas y civilizadas (lo que no impidió que fueran muy sangrientas). Pero la naturaleza de la guerra cambió también porque en Europa se había impuesto un equilibrio político fundamental, articulado en torno a varias de las grandes potencias, además de otras muchas pequeñas. Movidos por sus intereses algunos gobiernos europeos preferían mantener el equilibro o bien romperlo solo cuando les venía bien a ellos, motivo por el cual un Estado tejía un constante entramado diplomático de alianzas con otros Estados, tanto grandes como pequeños. La posibilidad de una profunda alteración de los equilibrios de poder se concretaba ante todo cuando en uno de los reinos europeos se daba un cambio de dinastía, lo cual podría suponer un cambio de las alianzas. Por esa razón, los principales conflictos europeos durante el Antiguo Régimen fueron las guerras consideradas de sucesión, partiendo de la última gran guerra de Luis XIV, la guerra de Sucesión española (1702-13).

Es fácil comprender que estos conflictos dinásticos, fríamente planificados por los gobiernos en el secreto de sus reuniones, no despertaran las mismas pasiones que habían provocado las guerras de religión de otros tiempos. La guerra dieciochesca solía verse como un procedimiento molesto y anticuado, con cadencias casi de comedia: la *guerre en dentelle,* la guerra de encaje, como se la llamó en Francia. En realidad, en la época de la Ilustración, se concibió sobre todo como un instrumento a disposición del Estado, un medio perfectamente lícito para resolver las controversias internacionales entre países civilizados; por tanto, no sorprende que en una época impregnada de reflexión filosófica se hiciera un esfuerzo por elaborar reglas compartidas que permitieran reducir su ferocidad. Idealmente, la guerra se convirtió en una rama de la política, un recurso que debía emplearse con prudencia y tratando de ahorrarles las consecuencias negativas a la sociedad y a la economía en la medida de lo posible; un asunto de profesionales, con el que los civiles podían apasionarse en los cafés, pero que afectaba poco a la vida colectiva, hasta el extremo de que los respectivos súbditos pudieron comerciar entre sí y viajar tranquilamente al país enemigo.

Sin embargo, no era una guerra simulada. En esta época aparecieron algunos de los mayores generales de la historia europea, desde el inglés duque de Marlborough al príncipe Eugenio de Saboya y el rey de Prusia, Federico el Grande. Estos generales, que eran más audaces que la media de sus iguales y comandaban ejércitos en los que el uso generalizado del mosquete garantizaba ya una impresionante potencia de fuego, combatieron en algunas de las batallas más sangrientas jamás vistas en el continente europeo: la laboriosa victoria de Marlborough sobre Villars, el mariscal francés, en Malplaquet (1709), costó veinticinco mil muertos y heridos a los vencedores; la de Federico el Grande sobre los rusos en Zorndorf (1758) les costó a los prusianos trece mil hombres, es decir, un tercio de las fuerzas empleadas, y a los rusos veinte mil, es decir, casi la mitad. Aunque tales carnicerías impresionaron vivamente a la opinión pública, nunca disuadieron a los gobiernos de continuar haciéndose la guerra con toda tranquilidad.

Por lo demás, desde mediados del siglo XVIII, el barniz de relajado cosmopolitismo que, en apariencia, cubría los conflictos del Antiguo Régimen comenzó a resquebrajarse, entre otras razones porque la apuesta ya no era el equilibrio europeo, sino el mundial. La guerra de los Siete Años (1756-63) representó un momento crucial en el largo enfrentamiento entre Francia, España e Inglaterra por el dominio colonial. Combatida a muy amplia escala, los encuentros decisivos en lugares lejanos como la India o Canadá, pueden considerarse en muchos aspectos la primera guerra mundial. En el continente americano o en el subcontinente indio, las reglas de una guerra civilizada y limitada no se cumplían tan rigurosamente y, claro está, se ignoraban por completo cuando se trataba de enfrentarse a las poblaciones locales, sometidas con la misma ferocidad que continuaría caracterizando a las guerras coloniales europeas hasta mediados del siglo XX. No es, pues, casual que el final de este capítulo coincida con la guerra de la Revolución Americana (1775-83), combatida sobre lo que era aún un escenario colonial, cuyo ejército regular inglés se vio desafiado y finalmente derrotado por las fuerzas coloniales rebeldes. Aquel conflicto dejó traslucir el nuevo significado ideológico que adoptaría la guerra en la época revolucionaria y napoleónica.

La segunda revolución militar

La creación de una administración militar permanente

En el siglo XVII, al contrario que en los siglos anteriores, el impulso innovador en el modo de hacer la guerra no procedió tanto del progreso técnico como del administrativo. La esencia de la transformación militar consistió en la nueva voluntad y la nueva capacidad del Estado de asumir todo el proceso de reclutamiento, organización y armamento de las tropas, y no solo durante la guerra, sino también en tiempos pacíficos. En vez de contratar con emprendedores privados el reclutamiento de los regimientos, para después disolverlos al final de las operaciones, todos los gobiernos aprendieron a reclutarlos directamente y a encargarse de un modo permanente del problema de alimentar, vestir, equipar y adiestrar a un gran número de soldados. Financiados gracias a la fiscalidad que en las nuevas monarquías absolutas había escapado al incómodo control de las asambleas parlamentarias, los ejércitos se transformaron definitivamente en una rama estable de la organización estatal, lo que continúan siendo hoy en día. Ha sido sobre todo esta circunstancia lo que ha llevado a muchos historiadores a situar entre Gustavo Adolfo y el Rey Sol la revolución militar que, nosotros, por coherencia con lo dicho en capítulo 2, llamaremos mejor la «segunda» revolución militar.

En esta época se asistió a la formación en todos los Estados de un creciente número de oficinas, departamentos, comisiones y consejos que cumplían la función de gestionar la organización bélica; así, por ejemplo, en el Imperio de los Habsburgo comenzaron a funcionar en 1650 un *Generalkriegskommissariat* (Comisariado General de la Guerra), responsable de los suministros militares, y, desde 1675, un *Hofkriegsrat* (Consejo de Guerra de la Corte), al que se confiaba la dirección estratégica de la guerra. Conviene decir que el nacimiento y la estabilización de una multiplicidad de organismos administrativos fue un fenómeno generalizado, que caracterizó a todos los niveles la evolución del Estado desde finales de la Edad Media hasta la época del absolutismo, y constituyó, en lo sustancial, la génesis de la organización de los ministerios que vemos todavía hoy en todas las naciones contemporáneas. No obstante, para los Estados de aquella época, la guerra era la actividad más importante y absorbía la mayor parte de los presupuestos en una medida hoy inconcebible; era normal que una monarquía destinase anualmente las tres cuartas partes de sus ingresos, y algunas veces incluso más, a los gastos militares. Por esa razón, entre los nuevos departamentos estatales que se crearon por todas partes, los de mayor importancia fueran los que gestionaban la producción de armamento, el reclutamiento de las tropas, las construcciones navales, los aprovisionamientos, y a veces también la dirección de las operaciones militares coordinando los distintos frentes y enviando instrucciones a los comandantes en el campo.

La aparición del regimiento

El paso de lo provisional a lo permanente no afectó solo a los organismos administrativos, sino también a los propios ejércitos. Fue un proceso que ocupó todo el siglo XVII y que condujo a la aparición de una institución típica de la sociedad militar europea hasta finales del siglo XX: el regimiento. A comienzos del siglo XVII, como sabemos, se denominaba así a una formación militar de una cierta consistencia, con un total de mil o dos mil soldados, reclutada y comandada por un militar de cierto prestigio, llamado coronel. En la práctica, el regimiento era una especie de empresa propiedad del coronel, que la había organizado y equipado a sus expensas, cuyo reembolso recibía después del gobierno que lo había tomado a su servicio. De ello se sigue que, en su origen, los regimientos se disolvían cuando ya no era necesario emplearlos o cuando el coronel decidía retirarse del negocio.

Pero en la situación de guerra casi permanente que caracterizaba a la Europa del siglo XVII, empezó a suceder que, a la muerte o el retiro de un coronel, el gobierno encontrara más conveniente mantener el regimiento a su servicio y confiárselo a otro comandante. Hacia el final de la guerra de los Treinta Años era ya habitual encontrar en los campos de batalla regimientos que llevaban diez años o más sirviendo a las órdenes de distintos coroneles. Los regimientos continuaban llamándose igual que el coronel, por lo que cambiaban de nombre con frecuencia, pero también comenzaron a designarse con denominaciones permanentes. El rey Gustavo Adolfo tenía a su servicio un Regimiento Azul, uno Amarillo, uno Rojo y uno Verde, por los colores de sus respectivas banderas, los mantenía de un modo fijo y los reemplazaba con soldados procedentes de la patria, reclutados y equipados a expensas del gobierno. En estos casos, los coroneles, nombrados por el rey, comenzaron a parecerse más a funcionarios estatales elegidos para gestionar una propiedad pública que a emprendedores independientes.

Desde mediados del siglo XVII se dio en todos los países la tendencia a mantener en pie un cierto número de regimientos que formaban el grueso permanente del ejército, aunque en caso de guerra se seguía reuniendo y disolviendo nuevos regimientos con mucha facilidad. Naturalmente, los hábitos y los privilegios con siglos de arraigo en la organización militar no podían abolirse de golpe. También en los regimientos permanentes, los coroneles y los capitanes continuaron gestionando de un modo muy subjetivo y, por así decirlo, patronal las finanzas del regimiento y de las compañías, de lo que obtenían grandes beneficios. Serían necesarias las reformas de mediados del siglo XVIII para reducirlos definitivamente a puros y simples dependientes del Estado. Pero lo que cuenta es que se consolidaba rápidamente el principio por el que los soberanos tenían derecho a utilizar una parte de los impuestos para mantener en servicio permanente un cierto número de regimientos, a pesar de la frecuente desconfianza que despertaban en los súbditos estas novedades que apestaban a tiranía.

La transición al nuevo sistema se llevó a cabo, y con bastante prisa, durante las últimas grandes guerras de Luis XIV. Desde comienzos del siglo XVIII, los regimientos permanentes de propiedad real habían sobrepasado numéricamente en casi todos los ejércitos a los regimientos provisionales organizados por emprendedores privados. Estos últimos nunca desaparecieron del todo, tanto es así que a finales del siglo XVIII, por ejemplo, el rey de Cerdeña tenía la costumbre de dirigirse a los reclutadores suizos para que, en caso de necesidad, le organizaran algún regimiento de mercenarios; pero, en general, el regimiento en su concepción moderna ya se había impuesto por todas partes. En la primera mitad del siglo XVIII, muchos observadores notaron, como una novedad digna de reflexión y también bastante inquietante, que al acabar las guerras los ejércitos no se disolvían, sino que continuaban en servicio («el uso en nuestros tiempos de mantener en pie incluso en la paz a las mismas armadas que en tiempo de guerra», como observaba en 1736 Scipione Maffei).

Los regimientos a disposición de cada Estado se convirtieron en un número fijo, bien conocido, que solo podía cambiarse mediante disposiciones legales y que reflejaba por lo general la potencia bélica. A la muerte de Luis XIV, por ejemplo, Francia poseía 119 regimientos de infantería, y otras grandes potencias, como el Imperio austriaco, Inglaterra y Rusia, alcanzaron cifras análogas durante el siglo XVIII.

En cualquier caso, la nueva situación se hizo evidente mediante la asignación de nombres permanentes a los regimientos. En Francia, desde finales del siglo XVI, algunos regimientos habían tomado su nombre de las provincias del reino, sistema que se generalizó bajo Luis XIV, de modo que se tuvieron, por ejemplo, los regimientos de Picardía, de Champaña y de Navarra. En otras partes, continuaban llamándose por el nombre del coronel, pero recibieron un número de orden inmutable, que reflejaba su antigüedad y regulaba las precedencias honoríficas, importantes para la mentalidad de la época. Hasta el siglo XX, y algunos casos hasta hoy mismo, los regimientos continuaron siendo una institución peculiar de la sociedad europea, celosos custodios de las tradiciones militares. En todas partes, la genealogía de los más antiguos se remonta a ese momento de finales del siglo XVII, cuando se estabilizó definitivamente su organización. En Italia, el más antiguo, todavía existente, es el Nizza Cavalleria (1°), heredero directo del regimiento llamado de los «Dragons Jaunes», creado por el duque de Saboya, Víctor Amadeo II, en 1690.

Con la aparición de las unidades permanentes se produjo un gran aumento del número de hombres que un Estado mantenía en armas incluso en tiempos de paz. A la muerte de Federico el Grande, en 1786, el pequeño reino de Prusia mantenía un ejército de doscientos mil hombres, más de los que el inmenso imperio de Carlos V tenía en su nómina dos siglos antes, y más de los que el Rey Sol encontró a su servicio cuando subió al trono. La nueva expansión de los aparatos militares comenzó precisamente con los ejércitos de Luis XIV; se ha calculado que en 1696 el rey de Francia tenía casi cuatrocientos mil hombres en armas, y al final de la guerra de Sucesión española los distintos teatros europeos vieron al mismo tiempo en acción a un millón trescientos mil soldados. Finalizado el conflicto, podía ocurrir que se disolviera un cierto número de regimientos, sobre todo en los países gobernados por parlamentos atentos a los costes, como era el caso de Inglaterra, pero las monarquías absolutas tendían a crear algún regimiento nuevo cada vez que los presupuestos lo permitían.

La única forma de ahorro consistía en mantener los regimientos por debajo de su nivel máximo en tiempo de paz y completarlos solo con el estallido de una guerra. La idea tradicional de que al avecinarse una guerra el gobierno debía preocuparse ante todo de reclutar un ejército se sustituyó por el concepto moderno de movilización, esto es, el conjunto de medidas que con un breve preaviso debía poner en pie de guerra a una unidad ya existente. Por otra parte, muchos gobiernos tendían a ver una fuente de beneficios en sus regimientos —exactamente igual que los emprendedores de la época anterior, a los que, de hecho, habían sucedido—, y, a cambio de una compensación, los ponían a disposición de las potencias aliadas; una costumbre que duraba aún en la época de la Revolución Americana, cuando varios príncipes alemanes alquilaron sus regimientos (los «hessianos» en el lenguaje popular americano) para combatir contra los rebeldes de allende el océano.

La homogeneización de las tropas

En general, la aparición de una unidad permanente no supuso ningún esfuerzo para acuartelar las tropas. En tiempos de paz cada regimiento dirigía una ciudad de guarnición, donde los soldados vivían sobre todo en habitaciones alquiladas o requisadas a los civiles y se las arreglaban para mantenerse con el escaso sueldo que recibían. Solo en tiempos de guerra se hacía necesario planificar el mantenimiento de las tropas, para lo cual los gobiernos almacenaban en sus depósito enormes provisiones de cereales. Las otras actividades necesarias para equipar y aprovisionar al ejército, como la cría de caballos o la producción de armas y munición, se dejaban a la iniciativa privada, pero las fábricas trabajaban bajo la vigilancia cada día más cercana del Estado, que estimulaba y reglamentaba su actividad. En la Prusia de Federico el Grande, la principal fábrica de armas de Potsdam, que operaba según requisitos establecidos por el Estado, producía quince mil mosquetes al año. En cuanto a la vestimenta, algún Estado especialmente centralizado llegó a producirla en serie, como ya ocurría en Suecia durante el reinado de Gustavo Adolfo. Sin embargo, también en este aspecto continuó siendo común el sistema de los aprovisionamientos encargados a emprendedores privados. Ahora que los gobiernos se hacían cargo definitivamente de armar y vestir a sus tropas, fue posible por primera vez la homogeneización del armamento y de los uniformes, que ya no estaban en manos de los coroneles. Naturalmente, desde el punto de vista práctico, era deseable armar a la infantería con mosquetes del mismo calibre, pero hasta ese momento ningún gobierno había estado en condiciones de llegar a tanto. En Francia, ya en 1717, una ordenanza real estableció que en adelante se utilizara un solo mosquete reglamentario, del calibre de 17,5 milímetros, elegido por el consejo de guerra después de examinar los prototipos presentados por tres fábricas distintas. Durante el siglo XVIII todos los gobiernos europeos establecieron su modelo de ordenanza y lo modificaron cuando hacía falta, pero en general no se introdujo ninguna mejora significativa: de casi un metro y medio de largo y cuatro kilos de peso, los mosquetes empleados cuando estalló la Revolución Francesa, que se utilizarían luego en todas las guerras napoleónicas, eran esencialmente iguales a los de principios de siglo.

Con la reglamentación de los uniformes se resolvieron dos problemas que en cierta medida ya se habían advertido antes, aunque se habían afrontado por separado y siempre de un modo provisional: vestir de manera uniforme a los soldados de cada regimiento y hacer reconocibles en la batalla a los soldados de los dos ejércitos contrarios. En la época de la guerra de los Treinta Años, los coroneles comenzaban a valorar la idea de vestir a sus hombres de un modo uniforme. Por otra parte, no se trataba tanto de un capricho como de un negocio, dado que el coronel compraba en bloque a los proveedores la vestimenta de sus hombres, pero esta costumbre que comenzaba a abrirse camino no tenía nada que ver con la necesidad de distinguir un ejército de otro. Tradicionalmente, el problema se había resuelto con el uso de las contraseñas y los gritos de guerra. Por ejemplo, los oficiales de los multinacionales ejércitos imperiales llevaban bandas escarlata y sus tropas católicas asaltaban al grito de «¡Jesús, María!», lo que evitaba cualquier confusión con sus adversarios protestantes.

Pero cuando los gobiernos comenzaron a proporcionar los uniformes se abrió camino enseguida la idea de fabricarlos todos del mismo color, con el objetivo de uniformar el aspecto de cada ejército. Puede que el primer ejemplo documentado sea el *New Model Army,* el ejército organizado por Oliver Cromwell para el Parlamento durante la Guerra Civil Inglesa, que en 1645 vestía en su totalidad de rojo y solo el color del cuello y de la vuelta de la manga distinguía a un regimiento de otro. En los años inmediatamente posteriores, el desgaste del equipo y la falta de centralidad administrativa pusieron rápidamente fin a esta uniformidad, pero la tendencia iniciada por Cromwell estaba destinada a prevalecer. Desde mediados hasta finales del siglo XVII, los monarcas eligieron para los uniformes de sus soldados de infantería un color distintivo: el rojo para los ingleses, el gris claro (luego blanco) para los austriacos, el azul para prusianos y suecos, el verde oscuro para los rusos. En la mayor parte de los casos, estos colores continuaron en uso hasta la introducción de los uniformes de color caqui o gris verdoso en la Primera Guerra Mundial. Solo el blanco elegido por el Rey Sol para la infantería francesa, asociado simbólicamente con la casa de Borbón, cayó víctima de las revueltas políticas y se sustituyó por el azul durante la revolución.

En los primeros tiempos existió una innegable afinidad entre los uniformes militares, vistosamente coloridos y guarnecidos, y las libreas de los criados, puesto que vestirse todos iguales y a expensas del amo era una cosa que en la Europa de la época solo le ocurría al servicio doméstico, y esta asociación servil fue la causa de que los oficiales se quedaran más tiempo apegados a una cierta libertad en el vestir. Pero a lo largo del siglo XVIII se liquidaron estos espacios de prestigio, aunque los oficiales conservaron el honor, y la carga, de hacerse los uniformes a sus expensas. Por otra parte, la asociación de la monarquía con el ejército anuló enseguida el parecido servil del uniforme con la librea, porque dio al primero una connotación prestigiosa. Muchos soberanos europeos vestían de uniforme a diario y se retrataban de esa forma, así que llevarlo quería decir vestir como el rey.

Los caballeros y «la escoria de la Tierra»

Junto con los regimientos permanentes, apareció la carrera militar tal y como la entendemos hoy; es decir, se hizo posible entrar al servicio del rey en calidad de oficial, serlo para toda la vida, con independencia de la paz o de la guerra, y progresar en una carrera regulada por disposiciones gubernamentales. En esta época tomó forma la jerarquía de los grados militares que todavía existe hoy: el coronel ya no era el propietario del regimiento, sino el funcionario al que el rey encargaba de comandarlo; el teniente coronel y el mayor no eran ya sus sustitutos y colaboradores contratados privadamente, porque también ellos dependían del rey. En un nivel inferior, vale lo mismo para el capitán, comandante de la compañía, y para su sustituto, el lugarteniente. Todos estos oficiales, y sobre ellos los comandantes del ejército, generales y mariscales, formaban una jerarquía precisa, cuya categoría estaba regulada por ley. En Francia, el ministro Louvois lo dispuso ya hacia 1660.

A finales del siglo XVII, los gobiernos empezaron a disuadir a sus súbditos de prestar servicio en el extranjero; el gentilhombre aventurero dio paso al oficial de profesión, que por definición no servía a un gobierno cualquiera, sino al propio rey. La nobleza militar, que tras la definitiva desaparición de las obligaciones feudales se había caracterizado durante cierto tiempo por ser una confraternidad transnacional de aventureros, quedó disciplinada y encuadrada en el cuerpo de los oficiales del ejército real, compensando de esa manera con privilegios y garantías lo que perdía en independencia. Varios factores contribuyeron a conservar un cierto aspecto internacional en el ambiente militar; podemos citar la emigración de los católicos de Irlanda y, en general, del Reino Unido, donde estaban privados de derechos civiles, o también la fascinación que los grandes ejércitos de Austria y Prusia ejercían sobre los nobles de los innumerables y pequeños Estados alemanes, y, más en general, el espíritu cosmopolita típico del siglo XVIII, pero mayoritariamente se tendía a identificar al ejército con una nación o una lengua. Una de las consecuencias más relevantes de este nuevo clima fue la decadencia de las tradiciones militares de la nobleza italiana, que hasta esa época había participado en un gran número de guerras europeas, sobre todo al servicio de las potencias católicas, y había proporcionado comandantes y cuadros de enorme prestigio, pero que en el siglo XVIII se fue reduciendo a vegetar en los ejércitos de opereta de los pequeños Estados italianos.

El oficial se configuraba ya a todos los efectos como un funcionario del rey, con los privilegios que esa circunstancia comportaba en las monarquías del Antiguo Régimen. En muchas de ellas se reservaba a los nobles, en parte o por completo, los puestos de la oficialidad, en contraste con la relativa movilidad de otras épocas, pero durante el siglo XVIII la tendencia, en vez de disminuir, se acentuó tanto que en la Francia de 1781 una ordenanza establecía que nadie podía ser oficial si no pertenecía a la nobleza desde hacía por lo menos cuatro generaciones. Añádase a esto que, en general, los grados no se obtenían con el estudio en las academias y la superación de unos exámenes, como sucede hoy, sino casi en exclusiva mediante favores y recomendaciones del gobierno o de los coroneles, eso cuando no se compraba, como era práctica oficial en Gran Bretaña todavía en la época de Napoleón. Desde el punto de vista social y económico, se fue haciendo más clara la distinción entre los oficiales, a los que se les reconocía un estatus de caballeros, y los suboficiales, sargentos y cabos, que solían ser soldados promocionados por los rangos y que, por tanto, tenían una condición social francamente inferior.

Pero la peor parte se la llevó el soldado raso. Los ejércitos del Antiguo Régimen estaban formados por voluntarios, es decir, por aquellos que nosotros llamaríamos profesionales, pero el término, con las connotaciones elitarias que tiene hoy, resulta engañoso cuando se aplica al de la época. En términos generales, el soldado era un pobre desgraciado que se comprometía a servir en armas por un periodo prolongado o incluso de por vida, sin la posibilidad de licenciarse como no fuera pagando un rescate, vestido con un uniforme que recordaba las libreas de los lacayos, sometido a un adiestramiento deshumanizante y a una durísima disciplina física y pagado con un salario irrisorio que en la creciente prosperidad de la Europa del siglo XVIII solo podían aceptar los desesperados. Ya en tiempos de Luis XIV se había advertido que solo en los años de hambruna era fácil reclutar hombres, pero que en tiempos normales nadie quería ser soldado, tanto es así que muchas veces se recurría a enrolar por la fuerza a los vagabundos y a los presos de las cárceles. En suma, los soldados del rey no tenían el lustre del profesional moderno y, al mismo tiempo, conservaban muy poco del prestigio que solo un siglo antes podía ilusionar a los «señores soldados» con

ser caballeros. En plena época napoleónica, el duque de Wellington, comandante de un ejército que en muchos aspectos seguía apegado al Antiguo Régimen, no dudaba en decir
públicamente que sus soldados se reclutaban entre «la esco-
ria de la Tierra».

Estas connotaciones innobles e incluso serviles del oficio
de soldado estaban aún más acentuadas en países como Prusia y Rusia, donde el grueso de la tropa se formaba con los
siervos de la gleba. Aquí, como era común en toda la Europa oriental, la época moderna había visto la esclavización
masiva de la población campesina, ya que los monarcas, de
acuerdo con los grandes terratenientes, habían vinculado a
los colonos a la tierra por ley, al tiempo que se reservaban
el derecho a obligarlos al servicio militar. El sistema se impuso en Rusia con las reformas de Pedro el Grande y desde entonces proporcionó carne de cañón a los regimientos del zar.
En Prusia, donde el aparato militar no guardaba ninguna
proporción con los recursos demográficos, el rey, siempre
corto de hombres, tuvo que recurrir, junto con los campesinos enrolados a la fuerza, al servicio de voluntarios generalmente extranjeros, pero, en todo caso, un riguroso sistema
de reclutamiento provincial le abasteció siempre de los soldados que necesitaba.

En los países de la Europa occidental, la única forma de
servicio obligatorio que se imponía a los súbditos continuaba
siendo la milicia, que se reclutaba por sorteo entre los hombres
aptos para las armas, aunque contando siempre con una infi-
nidad de exenciones y privilegios. Durante el siglo XVII, la
milicia se había convertido en una institución casi moribun-
da, pero a partir de la época del Rey Sol la creciente necesidad
de hombres convenció a muchos gobiernos de revitalizarla.

En un pequeño Estado belicoso como el reino de Cerdeña, que mantenía un ejército bastante superior a sus recursos, se añadió una nueva milicia a la tradicional, la de los llamados regimientos provinciales, reclutados también por sorteo a través de las comunidades, pero que se unían a todos los efectos con el ejército profesional. En el extremo opuesto, un reino parlamentario como Inglaterra disponía de garantías constitucionales que permitían reclutar a la milicia solo en tiempo de guerra y solo para la defensa del país, sin que el rey tuviera derecho a enviarla al extranjero, de modo que su participación efectiva en las guerras fue casi nula. Pero en todos estos casos, importa no olvidar que el sorteo comprometía en la milicia a solo un pequeño porcentaje de los reclutas potenciales, lo que distingue radicalmente el sistema respecto al servicio obligatorio de la época posterior.

Los aspectos tácticos de la segunda revolución militar

La táctica lineal

Desde el punto de vista del armamento, el aspecto principal de la revolución militar del siglo XVII fue la desaparición de la pica, una tendencia ya clara durante la guerra de los Treinta Años, que se hizo realidad a finales de siglo. Para convencer a los comandantes más conservadores de su abandono fue determinante la invención de la bayoneta, que, fijada al cañón del mosquete, permitía que una unidad bien adiestrada pudiera enfrentarse a la caballería incluso en un combate de arma blanca. La bayoneta primitiva, que empezó a utilizarse en 1650, se insertaba sin más en el cañón del mosquete, por tanto era imposible disparar. Al principio, este inconveniente se consideró, con mucha razón, irrelevante, teniendo en cuenta sus ventajas, pero en torno a 1720 se descubrió que fijando la bayoneta a un anillo metálico era posible ensartarla en el cañón sin que impidiera disparar, y este sencillo principio no ha cambiado hasta el día de hoy, cuando las bayonetas ya no se fijan al cañón de unos mosquetes primitivos, sino a unos sofisticados fusiles ametralladores.

Para el abandono de la pica resultó también determinante el perfeccionamiento del mosquete, que ya a mediados del siglo XVII se había hecho más ligero y manejable, lo que permitía eliminar la incómoda horquilla de apoyo y lograr una cadencia de tiro más elevada. Al acabar el siglo, el sistema de disparo con mecha fue sustituido por el sistema de pedernal, más práctico y menos dependiente del mal tiempo, destinado a utilizarse hasta pleno siglo XIX. La invención en la misma época del cartucho, el tubito de papel que contenía la bala y la cantidad ya dosificada de pólvora, aceleró aún más la maniobra de carga y, por tanto, la cadencia de tiro, hasta el punto de que una unidad de mosqueteros podía considerarse capaz de arreglárselas ella sola en el campo de batalla, en cualquier circunstancia y sin necesidad de la ayuda de los piqueros. En comparación con las armas actuales, el mosquete de la época puede parecer pavorosamente ineficaz, ya que su alcance útil no superaba el centenar de metros. Es improbable que en situaciones de tensión los soldados consiguieran disparar más de uno o, a lo sumo, dos tiros por minuto, y bajo la lluvia era inutilizable. Sin embargo, fue el mosquete lo que consolidó definitivamente la primacía de las armas de fuego sobre las armas blancas.

Una vez que la infantería consiguió aprovechar la potencia de fuego mucho más que la fuerza de choque, las formaciones profundas, que habían aparecido con la pica, se abandonaron definitivamente en favor de las lineales. Ya a finales del siglo XVII un batallón no disponía a sus hombres con una profundidad de seis, ocho o diez filas, como ocurría aún en tiempos de la guerra de los Treinta Años, sino en cuatro y como mucho en cinco; hacia finales del siglo XVIII se adoptó una formación todavía más extendida y fina, en tres filas. La misma tendencia a no disponer a los hombres en profundidad, sino lado a lado, se extendió a la alineación de todo un ejército en el campo de batalla. En las últimas batallas de la guerra de los Treinta Años, los generales imperiales todavía dispusieron a sus ejércitos en masas profundas, como se había hecho siempre, colocando a las brigadas según esquemas que pueden recordar a la actual táctica futbolística, 6-5-2, 5-2-1, con masas de caballería a los flancos y a la espalda. Pero Gustavo Adolfo dispuso a todo su ejército en solo dos filas de brigadas, la infantería en el centro, la caballería en los flancos, y esta formación lineal, que permitía extender todo lo posible el frente y envolver al enemigo aprovechando así mucho mejor la potencia de fuego, no tardó en ser considerada la más eficaz por todo el mundo.

El adiestramiento

Con la introducción de la disposición lineal, se atribuyó una mayor importancia a la capacidad del ejército de maniobrar como un único mecanismo perfectamente disciplinado. En el siglo XVIII, la época del racionalismo ilustrado, pero también de la primera revolución industrial, el ideal del pensamiento militar era que las tropas representaran ciegamente en su formación la voluntad racional de quien las comandaba. De ahí que se concediera menor importancia al adiestramiento del soldado individual, hasta abolir del todo, por ejemplo, el tiro al blanco, que había sido el principal adiestramiento de los arcabuceros, al tiempo que se privilegiaba el orden cerrado, de modo que toda una unidad debía maniobrar, marchar y disparar siguiendo una secuencia de movimientos mecánica y estandarizada, y reaccionar automáticamente a las órdenes de los oficiales y a las señales del tambor, como un reloj.

La marcha a paso rítmico, que hoy sobrevive solo en los desfiles, se usaba habitualmente en los campos de batalla para que los oficiales pudieran maniobrar a todos sus soldados como si fueran un solo hombre, conforme a espacios y tiempos medidos con exactitud. Todos los desplazamientos que podían necesitarse en el campo, como, por ejemplo, el despliegue de la columna de marcha hasta la línea de combate, debían basarse en un manual impreso y seguirse automáticamente de memoria, así como automáticamente los soldados debían disparar al mismo tiempo o por turnos cuando sus oficiales decidían que era el momento. Al principio hubo un cierto espacio para la iniciativa del coronel en la elección del manual, pero predominaba la tendencia a la uniformidad, y durante el siglo XVIII se asistió en todas partes a la imposición de un único texto para todo el ejército.

El énfasis en el adiestramiento tuvo el efecto de transformar las unidades militares en mecanismos deshumanizados, donde el interés máximo era el aprendizaje forzoso de una serie de movimientos automáticos. Tanto cuando debía actuar por cuenta propia, por ejemplo en el procedimiento de carga, como cuando debía coordinar sus movimientos con los de centenares de camaradas, el soldado del Antiguo Régimen estaba sometido a un adiestramiento cuya finalidad era transformarlo en una máquina, con una disciplina durísima, basada en castigos físicos, que garantizaba la imposibilidad de eludirla. Más de un contemporáneo reconoció que el adiestramiento, llevado a esos extremos, no se justificaba por razones puramente militares, porque la tensión y la confusión del campo de batalla lo hacía en gran parte inaplicable, pues su verdadera razón de ser era enseñar a los soldados la obediencia ciega y automática. Despersonalizando al soldado, privándolo de toda iniciativa y confundiéndolo con la masa anónima, el adiestramiento contribuyó posteriormente a relegar a la tropa al nivel más bajo de la escala social y a ensanchar el abismo que lo separaba de los oficiales.

Caballería y artillería

Mientras los infantes aprendían a contar con la potencia de fuego, los caballeros recuperaban un cometido en el combate gracias al redescubrimiento del poder de la carga. A partir de Gustavo Adolfo, la caballería pesada abandonó la ilusión de utilizar eficazmente las armas de fuego y volvió a confiar en el sable. Con el estallido de la Guerra Civil Inglesa la caballería del Parlamento, formada esencialmente por arcabuceros, quedó una y otra vez por debajo de la caballería real, adiestrada en las nuevas técnicas continentales de la carga con sable, que la primera no tardó en imitar. A comienzos del siglo XVIII desapareció definitivamente la práctica de la caracola con pistolas, cuando los ejércitos tácticamente más conservadores, como el francés, reconocieron su inferioridad. Cierto es que la potencia de fuego del mosquete y el uso de la bayoneta no facilitaban que la caballería armada de sable se impusiera sobre la infantería, pero lo que se exigía a un comandante en el campo era precisamente la capacidad de distinguir el momento exacto en que la carga podía tener éxito, contando con la confusión y el desorden en que se hallaban las formaciones enemigas. Por esa razón, los ejércitos continuaron manteniendo, pese a su coste prohibitivo, un cierto número de regimientos de caballería pesada, que seguían llamándose coraceros, y que por confiar en la fuerza de choque estaban por lo general compuestos por hombres de alta estatura, con yelmos y coraza, que montaban caballos pesados.

Los arcabuceros a caballo, que habían formado antes la versión más barata de la caballería, no desaparecieron del todo; hasta finales del siglo XVII se pensó que podían ser útiles como una especie de caballería capaz de moverse rápidamente y de desmontar para entrar en combate, así que todos los ejércitos conservaron bastantes regimientos, bautizados con el nuevo nombre de dragones. En la práctica, sin embargo, no demostraron ser tan útiles, y en el siglo XVIII los dragones renunciaron al mosquete y empezaron a considerarse una forma algo más económica de caballería pesada. En cuanto a las vitales funciones de exploración y forrajeo desempeñadas por la caballería ligera, las potencias como Austria y Rusia disponían de una caballería nacional de tipo irregular, lanceros cosacos, ulanos polacos, panduros croatas o húsares húngaros, admirados y temidos por sus adversarios. Los otros ejércitos crearon regimientos expresamente destinados a esta función, a los que se llamó de distintas formas, entre otras, húsares, imitando el nombre y los pintorescos uniformes de la caballería irregular húngara del ejército imperial.

La artillería de campaña evolucionó a lo largo de este periodo en el sentido de una progresiva reducción del calibre y el peso de los cañones, lo que permitía emplear un número mayor de ellos y utilizarlos con más eficiencia durante el combate. Junto a las pesadas piezas de doce y de veinticuatro libras, con un peso de tres toneladas, arrastradas por ocho o diez caballos, Gustavo Adolfo ya había probado el uso de piezas «regimentales», mucho más pequeñas y ligeras. Pero, en general, los parques de artillería siguieron formados sobre todo por calibres gruesos, de ahí que durante todo el siglo XVII la mayor parte de los cañones fueran tan pesados que, al no poder trasladarse durante el combate, participaran en la batalla solo desde posiciones preparadas. Hasta las grandes batallas de principios del siglo XVIII no se tienen las primeras noticias de cañones trasladados de una posición a otra durante el combate, que evidentemente se hacía así menos estático.

No obstante, se produjo una posterior acumulación de progresos tecnológicos cuyo resultado fue que el empleo de la artillería en el combate dio un auténtico salto cualitativo. La época decisiva corresponde más o menos a la misma de la *Encyclopédie,* la gran reseña de ciencias, artes y oficios publicada en París entre 1751 y 1772. Los gobiernos contribuyeron financiando la investigación y promoviendo la preparación científica del personal; no es casual que las primeras escuelas de formación para futuros oficiales, abiertas por todo el país desde mediados del siglo XVIII, estuvieran dedicadas sobre todo a los oficiales de artillería y a los ingenieros militares. Pero fue sobre todo en Francia donde la artillería, bajo la dirección del famoso Jean-Batiste Gribeauval, hizo unos progresos decisivos, imitados después por todos los países. Gracias a las mejoras en la metalurgia fue posible fabricar cañones que, a igualdad de potencia, eran más ligeros y manejables y consumían menos pólvora, mientras que los pesados y primitivos trípodes del pasado se sustituían por carros y avantrenes técnicamente desarrollados. Se abandonaron definitivamente las piezas de calibre grueso y todos los ejércitos se homologaron con calibres bajos, de los cuales, el más grueso era el de doce libras, que ya pesaba poco más de una tonelada.

A partir de ese momento, la artillería comenzó a desempeñar un cometido que ya no era solo auxiliar, sino decisivo en la batalla. Para transportar un cañón bastaban cuatro o seis caballos y, dotando de un número adecuado de caballos a los servidores y los vagones de la munición, se alcanzó una movilidad suficiente para permitir un uso ofensivo de los cañones durante la batalla. Las piezas ya no se colocaban fijas en batería, en una posición fortificada, sino que se trasladaban regularmente de una posición a otra a medida que evolucionaba el combate. Los cañones se agruparon en baterías de cuatro, seis u ocho piezas, y algunas, dotadas de cañones especialmente ligeros y de un mayor número de caballos, eran tan ágiles que no solo podían seguir a la infantería, sino también a la caballería en sus evoluciones por el campo de batalla, de donde el nombre de artillería a caballo. La artillería de finales del siglo XVIII se preparaba así para el papel táctico dominante, ofensivo, no solo defensivo, que tendría en las guerras napoleónicas, aun conservando aspectos que hoy nos parecen arcaicos, como el hecho de que la mayor parte del personal encargado del transporte no estuviera compuesta por militares, sino por civiles asalariados.

Estrategia y logística

La época de la Ilustración se caracterizó por la intención de racionalizar la gestión y la logística. Si todavía en pleno siglo XVII, los ejércitos en el campo de batalla quedaban a su libre albedrío en todo lo relacionado con el avituallamiento, de manera que se veían obligados a vivir de la población casi por completo, en el XVIII se consolidó la idea de que el gobierno debía planificar de un modo organizado el abastecimiento de las tropas. En parte, se trataba de una necesidad militar, porque los ejércitos en campaña eran cada vez más numerosos y habría resultado difícil mantenerlos mucho tiempo sin un mínimo de organización logística, al tiempo que la presencia determinante de las armas de fuego aumentaba el consumo de munición y de pólvora, cosas que debían reponerse de un modo constante.

La aparición de una intendencia organizada, es decir, de un conjunto de servicios directamente gestionados y financiados por el Estado con el objetivo de garantizar los suministros al ejército, respondía también a una demanda de la opinión pública para poner fin al caos y a la destrucción indiscriminada, que había alcanzado su culminación con los horrores de la guerra de los Treinta Años, transformar la guerra en un asunto civilizado en la medida de lo posible y reducir sus consecuencias para la vida social. Un ideal que se realizó solo en parte, porque la llegada de las tropas enemigas continuó representando para la población, especialmente en el campo, una pesadilla hecha de todo tipo de violencias y requisas. Aun así, respecto a la época anterior, cuando esa circunstancia era el resultado habitual incluso del paso de tropas amigas, no cabe duda de que hubo algunas restricciones significativas que suavizaron el impacto de la guerra en la sociedad civil.

Con la introducción del concepto de almacén, la nueva filosofía influyó de un modo decisivo en el modo de hacer la guerra. Antes de comenzar una campaña, ya no bastaba con reunir un ejército y llevarlo al campo, porque había que acumular grandes cantidades de alimentos y de armas y munición. La capacidad estratégica de un ejército dependía cada vez más de la cercanía de los almacenes en los que se conservaban las provisiones y de la posibilidad de distribuirlas periódicamente entre las tropas mediante lentos e incómodos convoyes de carros, necesitados de fuertes escoltas para evitar los posibles ataques del enemigo. Se entiende que los generales menos emprendedores los aprovechaban con frecuencia para no asumir demasiadas responsabilidades y achacar sus derrotas a las dificultades de aprovisionamiento, hasta que alguien comenzó a pensar que la dependencia de los depósitos era muy molesta y que había llegado el momento de deshacerse de ellos, pero todo esto nos lleva a la época de Napoleón y al próximo capítulo. En términos generales, en el Siglo de las Luces la planificación de una campaña dependía mucho más de la posición de los almacenes y de la seguridad de los convoyes que de la movilidad intrínseca de las tropas, lo que evidentemente influía en un cierto estatismo de las operaciones.

Análogo efecto tenía el mal estado de las carreteras y sobre todo la falta de una cartografía fiable. Los generales, que no estaban rodeados de un equipo de colaboradores especializados, no podían dar órdenes de movimiento que fueran complejas, como ocurriría a partir de Napoleón. Un ejército se movía como una única masa, por una única carretera principal, y esto, obviamente, lentificaba sus desplazamientos; la enorme cantidad de vehículos que transportaban equipaje y provisiones, la lentitud y el volumen de los convoyes de artillería, la necesidad de detenerse cada pocos días para construir hornos de campaña y cocer el pan... todo esto impedía que un ejército recorriera una media de más de diez o quince kilómetros diarios. Las dimensiones del ejército en el campo resultaban también limitadas: un ejército que debía trasladarse por una única carretera y abastecerse con todos sus caballos de los recursos de una zona restringida apenas podía superar los cuarenta o cincuenta mil hombres. Solo en el país más rico de Europa, Flandes, donde se concentraban todos los recursos de amplias coaliciones, Luis XIV y sus enemigos consiguieron poner en el campo ejércitos de ochenta e incluso cien mil hombres. Es cierto que, en tiempo de guerra, los Estados mantenían en armas a un número mucho mayor de soldados —hasta cuatrocientos mil en el caso del Rey Sol—, pero la inmensa mayoría de estos se empleaba en las innumerables guarniciones o en varios ejércitos pequeños que operaban en teatros separados, mientras que los gobiernos y los consejos de guerra trataban de coordinar a distancia objetivos y movimientos. No sorprende que estas condiciones las operaciones fueran pocas veces brillantes y decisivas.

Otra razón para que las campañas fueran lentas y poco concluyentes, sobre todo a comienzos de nuestro periodo, entre los siglos XVII y XVIII, era que en los planes estratégicos continuaba predominando la función de las plazas fuertes y los asedios. Francia, que ocupó el centro de las principales guerras europeas durante el reinado de Luis XIV, invirtió enormes recursos en la creación de un cinturón de fortalezas a lo largo de sus fronteras, concebido con fines exclusivamente militares bajo la dirección del famoso arquitecto Vauban, de tamaño suficiente para acoger grandes almacenes. El enorme número de plazas fuertes y la escasa movilidad de los ejércitos hicieron que los asedios absorbieran una gran parte de la actividad militar. Se combatieron muchas batallas decisivas para desbloquear ciudades asediadas, como la Viena de 1683 y el Turín de 1706, y un general como el duque de Marlborough, considerado uno de los mayores emprendedores de su tiempo, defensor de una conducta estratégica dinámica y ofensiva, solo luchó a lo largo de su carrera en cuatro grandes batallas, pero dirigió más de treinta asedios.

Ahora bien, un asedio no era un asunto que pudiera solucionarse en pocos días, aunque precisamente Vauban, que dirigió unos cincuenta y tres en su vida, los había transformado a todos los efectos en una ciencia exacta, lo que aumentaba notablemente las posibilidades de éxito del asediante. La artillería de asedio, con sus piezas de 36 y 48 libras y sus inmensos morteros, se trasladaba con mucha lentitud; la construcción de las líneas de asedio bajo la dirección de los ingenieros era siempre un trabajo extenuante que movilizaba durante varias semanas a los soldados e incluso a los peones de obra civiles reclutados por la fuerza en los alrededores. Además, para los comandantes de las fortalezas era un punto de honor resistir hasta que las circunstancias, como la apertura de una brecha en las defensas o la ausencia de un ejército de socorro, los autorizaran a negociar la rendición. La duración media del asedio de una plaza fuerte importante duraba entre uno y dos meses y, puesto que la llegada del frío y la falta de forraje y el pésimo estado de las carreteras obligaban a suspender las operaciones y a instalar las tropas en los cuarteles de invierno, se entiende que muchas veces el tiempo y los recursos de una campaña completa fueran absorbidos por un puñado de asedios.

La importancia de los almacenes y de las plazas fuertes, unida al elevado coste que suponían los nuevos ejércitos permanentes para los presupuestos del Estado, dieron a la guerra de esta época una de sus características principales: el ser una guerra de maniobra, combatida por generales que preferían evitar en lo posible el peligro del choque directo. Maniobrando hábilmente sus fuerzas, se trataba de colocar al adversario en una posición desfavorable, en la que no tuviera fácil el mantenimiento de la comunicación con los depósitos para abastecer en caso de necesidad las guarniciones de las fortalezas. Una campaña bien dirigida podía desarrollarse sin ningún combate campal de importancia, y aun así resolverse igualmente con la conquista de amplias zonas que el enemigo se veía obligado a desalojar. Los gobiernos estaban encantados porque, con la difusión del mosquete de pedernal y de la nueva artillería de campaña, las batallas se habían hecho espantosamente sangrientas. Era normal que en una gran batalla se perdiera un cuarto e incluso un tercio de las fuerzas empleadas, y los generales tenían que soportar una considerable presión para que no perdieran en un solo día ejércitos que habían costado sumas enormes. Se comenzó a teorizar que el general perfecto era aquel que conseguía vencer al enemigo y obligarlo a rendirse exclusivamente a través de la maniobra, sin correr los riesgos de una gran batalla.

Los generales más audaces eran conscientes de las limitaciones de esta teoría, y no es casual que los comandantes más famosos de la época, desde el mariscal francés Turenne al duque de Marlborough, afirmaran que una batalla resolutiva era más ventajosa que muchos asedios y que se debería llevar la guerra al país enemigo, sin obsesionarse por la toma de las fortalezas. Una vez derrotado en campo abierto el ejército enemigo —reflexionaban—, las plazas fuertes caerían solas, por tanto, buscar la batalla decisiva era el modo más seguro y económico de resolver una campaña. Pero no había muchos generales dispuestos a correr hasta el fondo los riesgos implícitos en semejante filosofía, ni tampoco muchos gobiernos que les dieran libertad para hacerlo. Habría que esperar a las guerras de Federico el Grande, rey de Prusia, que no debía responder ante ningún ministerio o consejo de guerra, para que las batallas decisivas se hicieran más frecuentes y los asedios en toda regla más raros. La mayor parte de los que dirigían las operaciones militares se quedaron anclados en una visión superada y académica hasta que fue demasiado tarde. El destino de Cornwallis, el general inglés que durante la guerra de la Revolución Americana se recluyó con su ejército en la fortaleza de Yorktown y tuvo que capitular después de un largo asedio, es el ejemplo de que quedarse anclado en una visión de la guerra dominada por los depósitos y las plazas fuertes resultaba ya contraproducente. Habría que esperar a Napoleón para que todo el mundo tomara conciencia de esa realidad.

La guerra naval

A lo largo del siglo XVII, la guerra naval, al igual que la terrestre, se transformó más desde el punto de vista organizativo que desde el estrictamente técnico. El diseño de las naves de guerra no había variado en lo sustancial respecto a los galeones del siglo XVI, aunque la típica embarcación de tres palos era ya algo más larga y estrecha, y aunque había un número mayor de naves con unas dimensiones y un armamento que en otra época habrían sido casi de récord, con 1500 toneladas y más de cien cañones. Pero si antes una flota de guerra comprendía naves de todos los tamaños, sin distinciones especiales, y cada nave participaba individualmente y como podía en el combate de fuego, ahora se intentaba hacer más homogéneas las escuadras e introducir una organización táctica que permitiera al almirante dirigir con más seguridad la maniobra y la batalla.

La innovación más importante en este sentido fue la del combate en línea. La escuadra, maniobrada como una única formación orgánica gracias a las señales a distancia, entraba en batalla colocada en una sola línea y abría fuego al mismo tiempo con todas las naves, mientras que quedaba a la pericia del almirante dirigir los movimientos de modo que el fuego pudiera concentrarse ventajosamente en la escuadra adversaria. Los portugueses ya habían empleado una táctica de este género en el océano Índico desde los tiempos de Vasco de Gama, pero no parece que su enseñanza se aprovechara en las naves de guerra europeas, donde fue el almirante holandés Maarten Tromp quien utilizó la línea de fila en la batalla de las Dunas de 1639. A partir de entonces, la táctica, que requería una extrema competencia técnica tanto por parte del almirante como de los capitanes, continuaría caracterizando la guerra naval desde el final de la época napoleónica, y es difícil no hallar un paralelismo intelectual y psicológico con las teorías coetáneas del manejo de los ejércitos terrestres, también dispuestos en formación lineal y maniobrados por el comandante, al menos en teoría, como mecanismos automáticos que se correspondían a la perfección con su voluntad.

Con el fin de homogeneizar las escuadras navales y optimizar el empleo de la artillería embarcada, en 1653 el almirantazgo inglés decidió dividir todas las naves de guerra en seis rangos, según el tonelaje, el número de puentes y, por tanto, el número de cañones. Al primer rango pertenecían los navíos de línea de tres puentes, con más de 90 cañones. La marina francesa introdujo una clasificación análoga en 1670, dividiendo las naves en cinco clases, la primera de las cuales comprendía los navíos en línea que llevaban de 70 a 120 cañones. A partir de ese momento, y hasta la introducción de los de vapor, los barcos de guerra se clasificaron sobre esta base y las escuadras de combate estuvieron formadas esencialmente por navíos de las primeras clases, llamados también navíos de línea. Las dos grandes potencias marítimas rivales, Inglaterra y Francia, debían mantener cerca de un centenar para no quedarse atrasadas la una con respecto a la otra.

Pero la guerra naval no se reducía a las batallas, que eran bastante raras, aunque muchas veces decisivas. El dominio de los océanos no solo dependía de la posibilidad de poner en el campo y avituallar de un modo adecuado fuertes escuadras de combate, sino también de la presencia ubicua de naves más veloces, capaces de controlar las rutas comerciales, proteger su propio tráfico comercial y atacar a los enemigos gracias a una red estratégica de bases coloniales. Pero esto no era solo cometido de los corsarios, aunque, todavía en tiempos del Rey Sol, Francia tuvo varios muy famosos, como Jean Bart, sino también y cada vez más de las marinas de guerra mediante navíos de categoría intermedia o inferior: naves de tres palos, por tanto aún bastante imponentes, pero de solo algún centenar de toneladas y varias decenas de cañones. Tales naves, llamadas fragatas, formaban la osamenta de las flotas, si bien no de las verdaderas escuadras de combate. Más veloces que las naves de guerra y necesitadas de un menor abastecimiento, eran capaces de estar en el mar mucho tiempo y de alcanzar grandes distancias. Ondeando los pendones de las fragatas, con la amenaza de los cañones, se impusieron las banderas europeas en todo el mundo, especialmente la inglesa, seguida de la francesa, la holandesa y, ya en último lugar, la española. Estas nuevas necesidades estratégicas ayudan a explicar el crecimiento constante del armamento naval, pese a su elevadísimo coste. A finales del siglo XVII, la marina inglesa contaba con 323 naves de guerra, armadas en su conjunto con 9912 cañones.

Las posibilidades de la tecnología naval, y también sus limitaciones, dictaron las condiciones de la auténtica mundialización de la guerra que se produjo en el siglo XVIII. La imposibilidad de transportar grandes ejércitos al otro lado del océano, y de mantenerlos abastecidos, fue la causa de que en las guerras coloniales combatieran contingentes reducidos: imperios coloniales enteros, como en la India de 1757, Canadá en 1759 y América del Norte en 1775-83, fueron conquistados o perdidos por ejércitos compuestos por pocos regimientos, una fracción mínima de las tropas que las grandes potencias estaban en condiciones de llevar al campo en Europa. En cuanto a Asia, África y las Indias Occidentales, la presencia europea se limitaba casi siempre a un pequeño número de asentamientos comerciales fortificados, con uno o dos batallones de guarnición llegados de Europa, cuyos efectivos se reducían a casi nada en muy pocos años por culpa de la fiebre amarilla y otras enfermedades tropicales. Al mismo tiempo, el adiestramiento europeo, el mosquete de pedernal y la artillería embarcada en las fragatas proporcionaban a las potencias coloniales tales ventajas sobre las poblaciones indígenas que esa presencia esporádica bastaba para asustar y someter a reinos e imperios seculares. En la segunda mitad del siglo XVIII los europeos comenzaron a caer en la cuenta, unas veces con euforia, otras con incredulidad, de que se habían convertido en los dueños del mundo.

4. Las guerras revolucionarias y napoleónicas

Introducción

Napoleón ha dejado una impronta tan profunda en la historia de la guerra que es inevitable dedicarle este capítulo final, destinado en gran parte a las guerras que él combatió entre 1796 y 1815. Pero el ingenio organizativo del emperador no actuaba en el vacío, porque casi todas las innovaciones que introdujo hundían sus raíces en los decenios precedentes. El enorme crecimiento del tamaño de los ejércitos y la escala de las operaciones se remonta a los primeros años de la Revolución Francesa, a las grandes campañas de 1792-94, y otro tanto puede decirse de la politización de la guerra, que a partir de ese momento asumió un carácter ideológico totalmente desconocido en el Antiguo Régimen. Entre las principales innovaciones tácticas que se consolidaron en la época, el nuevo papel de la infantería ligera ya se había anticipado durante la guerra de la Revolución Americana (1775-83) y era objeto de estudio por parte de los militares de todos los países, mientras que el nuevo uso ofensivo de la artillería no habría sido posible sin el progreso tecnológico que se produjo sobre todo en Francia en la segunda mitad del siglo XVIII.

El otro aspecto verdaderamente revolucionario de la guerra tal como la hacía Napoleón es la organización de los ejércitos en divisiones y cuerpos, capaces de moverse por distintas carreteras según un único orden de marcha, para posibilitar la concentración improvisada de las fuerzas y la sorpresa estratégica de una manera impensable para los ejércitos más lentos y más voluminosos del pasado. Pero la idea de separar un ejército en campaña en un cierto número de divisiones para mejorar la movilidad y la transmisión de las órdenes estaba ya en el aire, sobre todo en Francia, desde el fin de la guerra de los Siete Años, y los extraordinarios planes de marcha de Napoleón, que fueron el auténtico secreto de sus victorias, solo se hicieron posibles por las imponentes mejoras de la cartografía que se habían llevado a cabo en el marco de las reformas ilustradas. Todo esto no significa negar el enorme impacto personal de Napoleón, que supo desarrollar todos estos conceptos y llevarlos hasta sus últimas consecuencias antes que otros y a una escala nunca imaginada, pero debería quedar claro que para hablar de las guerras napoleónicas es necesario partir de las guerras revolucionarias y, en general, del desarrollo militar de finales del siglo XVIII.

El reclutamiento de los ejércitos

El servicio obligatorio

La guerra de la Revolución Americana enfrentó a un nuevo tipo de ejército, reclutado a partir de una base más o menos revolucionaria entre los ciudadanos de las colonias rebeldes, con otro enteramente tradicional, formado por regimientos ingleses y alemanes de profesionales. El teatro de guerra, muy poco poblado y muy alejado de Europa, limitó decisivamente el tamaño de los ejércitos en el campo: George Washington nunca dirigió en la batalla a más de dieciséis mil hombres, una fuerza que en las guerras del Viejo Continente se habría considerado a lo sumo un destacamento secundario. Sin embargo, pocos años después de la firma de la paz entre los Estados Unidos y Gran Bretaña, otra revolución, esta vez en el corazón de Europa, produjo una transformación radical no solo en el reclutamiento, sino también en las dimensiones del ejército. En 1792, cuando las potencias monárquicas invadieron Francia, el gobierno revolucionario decretó la movilización masiva de los ciudadanos, y esta medida políticamente muy grave permitió poner en el campo unos ejércitos quizá poco adiestrados, pero de un tamaño sin precedentes. Durante los años siguientes, la república mantuvo más de un millón de hombres en armas distribuidos en varios frentes.

A partir de aquel momento, el ejército de la principal potencia militar europea, la Francia revolucionaria y luego napoleónica, continuó basándose en el principio de la leva. Ahora bien, la idea de que todos los súbditos debían empuñar las armas para defender a su país había existido siempre en las monarquías europeas, y era la base de la organización de las milicias que todos los gobiernos habían intentado mantener en pie a lo largo de los siglos. El servicio obligatorio de la época napoleónica era en parte un desarrollo de aquellas milicias, a las que se parecía incluso en otro aspecto. En efecto, no todos los reclutados prestaban servicio, sino solo un porcentaje extraído por sorteo, que en Francia solía ser uno de cada siete, aunque, mediante un amplio sistema de excepciones y sustituciones pagadas, el peso del servicio militar recaía casi exclusivamente en las clases populares, sobre todo en la masa campesina.

Pero aquí terminaban los parecidos. En cuanto a la milicia, la cantidad de jóvenes que entraban en sorteo era mucho mayor, porque Napoleón llamaba a filas a una media de cien mil hombres al año. Y, lo que es más importante, no constituían una fuerza de reserva movilizada solo en casos de urgencia, como se hacía con las unidades de milicia que muchos países se apresuraron a revitalizar durante la época napoleónica, porque los reclutados formaban el grueso del ejército permanente, que se articulaba en un gran número de regimientos, herederos de los del Antiguo Régimen, aunque la revolución se ocupó de cambiar los nombres y los números. Pero el regimiento no se confiaba a los oficiales reclutadores para abastecer sus rangos, sino que podía contar con una afluencia preestablecida de reclutas, casi siempre procedentes de una misma circunscripción territorial.

No pasará inadvertido que en ciertos aspectos el sistema suponía una ampliación de los ya existentes en las monarquías basadas en el vasallaje, como Rusia y Prusia, y, efectivamente, había en el servicio obligatorio una contradicción fundamental que ninguna ideología consiguió suavizar nunca por completo. Los reclutas de Napoleón eran ciudadanos llamados para defender las conquistas de la revolución y no se ahorraban esfuerzos para motivarlos desde el punto de vista político y patriótico. Esfuerzos que incluso tuvieron un cierto éxito, tanto es así que el ejército fue hasta el final el principal depositario de los valores igualitarios y democráticos de la revolución. Por lo demás, esos valores tenían una aplicación práctica en sus filas, ya que casi las tres cuartas partes de los oficiales que sirvieron con Napoleón eran antiguos soldados o suboficiales ascendidos por mérito, pero al mismo tiempo, la sociedad civil siempre sintió que el reclutamiento era una carga, tanto mayor cuanto que, con la prolongación de las guerras, disminuían las probabilidades de que los reclutados volvieran a casa. Al menos en las regiones menos politizadas del Imperio, los campesinos opusieron siempre una resistencia sorda a la leva, que se traducía en elevados porcentajes de desertores e insumisos.

Necesitados de afrontar los enormes recursos humanos que el servicio obligatorio ponía a disposición de Francia, varios países europeos acabaron imitando el sistema e introdujeron formas de obligatoriedad para completar la milicia tradicional o para sustituirla. Resultó mucho más fácil para los gobiernos despóticos, cuyos súbditos estaban más acostumbrados a obedecer, como en el caso de Prusia, donde la leva llegó a afectar por sorteo a uno de cada cinco hombres. Pero también allí se llevó a cabo un gran esfuerzo de preparación política de las masas mediante la abolición del vasallaje y el intento de convencer a los campesinos, no sin éxito, de que el servicio ya no era una obligación servil, sino el compromiso de unos ciudadanos libres movilizados en defensa de la patria.

El país que continuó mirando con mayor desconfianza la obligatoriedad fue Gran Bretaña, la única gran potencia con gobierno parlamentario. El extendido temor a que la introducción de la leva representara un atajo que condujese a la tiranía impidió siempre que el gobierno inglés llevara a cabo una medida política tan arriesgada. A pesar del papel imperial que había adoptado cada vez con mayor evidencia, tanto a escala europea como mundial, Gran Bretaña continuó confiando en un ejército de oficio, formado por profesionales que se enrolaban por muchos años e incluso para toda la vida, mientras que la milicia por sorteo, que también allí recibió un enorme impulso, estaba protegida por precisas garantías constitucionales que prohibían su empleo fuera del reino. Pero en los restantes países europeos el ejército de leva fue una de las principales herencias que la época napoleónica dejó al siglo XIX y uno de los símbolos más significativos de la aparición de una sociedad de masas y de un nuevo tipo de Estado, capaz de tender a la movilización total de los recursos.

Los costes

El enorme desarrollo de los aparatos militares durante la época napoleónica supuso un aumento igual de los gastos, que los Estados afrontaron a duras penas. En la Inglaterra de 1799, el gobierno de William Pitt se vio obligado a introducir el impuesto sobre la renta, una medida verdaderamente revolucionaria para su tiempo e inmensamente impopular, que desde luego se presentó como provisional, aunque ninguno de los gobiernos posteriores pudo permitirse el lujo de derogarla. Las potencias europeas que respaldaron a Inglaterra en su lucha de veinte años contra la Francia revolucionaria y napoleónica consiguieron sostener el esfuerzo gracias a las enormes financiaciones inglesas, dado que la Inglaterra de la Revolución Industrial era ya la mayor potencia económica del mundo. En 1814 el gobierno inglés gastaba en subvenciones al exterior diez millones de libras esterlinas, más de una sexta parte de sus presupuestos anuales, que eran entonces de cincuenta y siete millones. Por todas partes, más que en tiempos pasados, los gastos militares absorbían la inmensa mayoría de los presupuestos; ya en 1805, cuando las entradas anuales de Gran Bretaña eran solo de cuarenta y seis millones, se gastaban más de dieciocho millones en el ejército, quince millones en la marina y más de cuatro millones en suministros militares.

Este último capítulo es uno de los más instructivos, e inquietantes, de nuestra historia. Hacía mucho tiempo que todos los Estados se habían acostumbrado a pagar de su bolsillo no solo el armamento, sino también todos los equipos y los uniformes de sus tropas, así como su avituallamiento. En una época de guerra casi ininterrumpida y de gran crecimiento de los aparatos militares como la que nos ocupa, estos aprovisionamientos alcanzaron unas cantidades de vértigo. Casi ninguno de los gobiernos producían lo que necesitaba, de modo que el procedimiento habitual consistía en subcontratarlo con empresas privadas. Todo el mundo sabía que el sistema de las subcontratas y de los aprovisionamientos estaba terriblemente corrompido, y que los empresarios conseguían ilegalmente unos beneficios gigantescos, pero, al final, las tropas recibían lo que les era necesario, aunque casi todo de pésima calidad y, como ha ocurrido con frecuencia en la historia de Occidente, parece cierto que estas enormes inyecciones de dinero público fueron una contribución esencial para el desarrollo del capitalismo industrial y el crecimiento económico. Y lo mismo puede decirse del capitalismo financiero: la fortuna de los Rothschild procedía de la decisión del gobierno inglés de dirigirse a su banco para conseguir el anticipo de capital líquido que necesitaba para costear la guerra contra Napoleón.

La evolución táctica

La infantería ligera

En el combate, los ejércitos napoleónicos no eran tan distintos a los del Antiguo Régimen. La época no conoció prácticamente ninguna mejora técnica: el mosquete francés era un modelo de 1777 y continuó usándose hasta después de 1830. El combate de fuego de la infantería dispuesta en línea, el avance en masa a bayoneta calada para provocar la quiebra moral del enemigo, la carga de la caballería con sable y el martilleo de la artillería móvil y ofensiva se convirtieron en los principales ingredientes de la batalla. Pero existían también novedades que dieron al combate napoleónico una connotación sutilmente distinta al de la época anterior. En general, no se trataba de invenciones del emperador, y ni siquiera de innovaciones adoptadas en la época revolucionaria y correspondientes a las nuevas condiciones ideológicas del tiempo, como se ha creído algunas veces. Casi siempre se trató de novedades estudiadas por los teóricos militares ya en los últimos años del Antiguo Régimen, sobre todo en Francia, que, al parecer, fue desde todos los puntos de vista una extraordinaria cantera de innovaciones en aquella época, aunque serían los ejércitos de la revolución y de Napoleón los que experimentaran con ellas a gran escala.

La primera de esas novedades fue el empleo masivo de una infantería adiestrada para combatir en orden abierto, y no apiñada hombro con hombro en formaciones cerradas. Esta infantería ligera, como se llamó habitualmente, estaba formada por soldados seleccionados, con un adiestramiento individual más cuidado y con buena capacidad de tiro al blanco, tanto es así que en algunos ejércitos se los comenzó a armar con los primeros prototipos de fusil rayado, mucho más precisos que el mosquete común con el ánima lisa. La utilidad de estas tropas se había hecho manifiesta durante la guerra de la Revolución Americana, combatida casi siempre en un país salvaje y deshabitado, con un amplio uso de formaciones irregulares, pero todos los ejércitos europeos comprendieron enseguida que el sistema podía ofrecer también ciertas ventajas en teatros de operaciones más convencionales. Ya en 1788, sir David Dundas, autor del manual de adiestramiento de la infantería inglesa, reconocía que la infantería ligera se había convertido «en la parte principal de nuestro ejército».

No puede comprenderse una batalla napoleónica sin tener en cuenta lo que los franceses llamaban *chasseurs* (cazadores), *voltigeurs* (voltigeros u hostigadores) y *tirailleurs*, que en el ejército italiano darían origen más tarde a los *bersaglieri*. Pero entiéndase bien que la mayor parte de la tropa continuó formada por la infantería de línea, que combatía en orden cerrado y maniobraba mecánicamente obedeciendo las órdenes estereotipadas de los oficiales. No obstante, toda posición defensiva en la batalla estaba ya cubierta por una muralla de tiradores que resistían todo lo posible, defendiendo el terreno allí donde su conformación lo permitía y replegándose solo cuando el enemigo avanzaba con una fuerza preponderante. También el atacante iba precedido de una línea de tiradores, que con el tiempo fueron cada vez más numerosos, hasta el punto de que sus contemporáneos hablaban con frecuencia de nubes o de enjambres. Estos precedían al ataque de los batallones formados, tratando de despejar el terreno de los tiradores enemigos y de llegar a una distancia suficientemente cercana para molestar al enemigo con su tiro apuntado.

La colaboración entre las formaciones masivas tradicionales y una minoría cada vez más amplia de tropas selectas y adiestradas para el combate individual fue uno de los principios fundamentales de la batalla napoleónica. Y fue también un claro (aunque todavía limitado) anticipo del futuro, porque, si es cierto que los soldados que combatían hombro con hombro en filas cerradas eran algo muy distinto a la experiencia de combate de un soldado moderno, el modo de luchar de los tiradores, que en parejas o en equipos aprovechaban las ventajas que ofrecía el terreno y su propia puntería, no estaba tan alejado. No era casual que las unidades de infantería ligera fueran vestidas de color verde, para tener un mínimo de protección mimética, en comparación con los llamativos uniformes de la infantería en línea. Así, poco a poco, la concepción mecánica y geométrica de la disposición y del combate que había dominado las guerras del siglo XVIII comenzó a dejar espacio a una idea más móvil y más individualista, destinada a imponerse con el paso del tiempo.

La línea, la columna, el cuadro

Otra de las innovaciones de las guerras napoleónicas fue la vuelta a formaciones más compactas y profundas. Y no porque se abandonara la línea, ya que la infantería continuaba desarrollando la máxima potencia de fuego cuando estaba formada en línea; además, los ingleses, desatendiendo las prescripciones de sus propios manuales, cogieron la costumbre de disponerla solo en dos filas. Pero la formación lineal requería un fuerte adiestramiento y unas buenas condiciones psicológicas. Dado que siempre se encontraban con unidades compuestas por reclutas poco adiestrados, los generales redescubrieron la utilidad de juntarlos en formaciones masivas, lo que elevaba la moral y la resistencia al choque físico. Ya en los últimos años del Antiguo Régimen, los teóricos militares de Francia habían discutido la oportunidad de introducir estas formaciones con una profundidad de seis e incluso nueve filas, llamadas columnas. Los ejércitos de la revolución fueron los primeros en adoptarlas regularmente, pero los demás no tardaron en imitarlos, en especial los compuestos por soldados de leva, como el prusiano. Una vez que los manuales de adiestramiento digirieron y reglamentaron esta novedad, los comandantes de campo, desde el comandante de batallón para arriba, se encontraron con una gama de posibilidades antes desconocida. Según las circunstancias del combate, podían elegir en cada caso la disposición de sus hombres en línea o en columnas más o menos profundas, en función de que prefieran apoyarse en la potencia de fuego o en la fuerza de choque.

En efecto, después de dos siglos en los que las formaciones de la infantería habían evolucionado buscando optimizar solo un parámetro, la potencia de fuego, muchos comenzaban a preguntarse si sería más innovador confiarlo todo a la carga con bayoneta, lo que, gracias a la velocidad y a la fuerza de choque, ponía en un apuro a las frágiles y estáticas formaciones en línea. Era, en gran parte, una ilusión, pero los militares europeos continuarían cultivándola todo un siglo, hasta que las ametralladoras de la Primera Guerra Mundial la destruyeron para siempre. Por otro lado, la caballería había vuelto de nuevo a confiar en el arma blanca, y en este caso la decisión había resultado eficaz, tanto que para resistir sus cargas hubo que introducir otra formación para la infantería, la conocida como cuadro. Con una configuración que variaba según las prescripciones de los manuales, se trataba de una formación que no tenía ni flancos ni espaldas, sino que presentaba en todas las direcciones muchas filas de hombres apiñados hombro con hombro, capaces de mantener a distancia a los caballos con el acero de las bayonetas antes aún que con el plomo de las balas. En las batallas napoleónicas, la fuerza de choque de la caballería era tan temida que el cuadro empezó a utilizarse cada día más, y no solo cuando la infantería estaba parada defendiendo una posición, sino también para desplazarse. En Waterloo, el último asalto de la guardia imperial se hizo con esta formación.

Una nueva idea de batalla

Así pues, toda unidad de infantería podía colocarse conforme a las necesidades del momento, en línea, en columna o en cuadro. Los comandantes de batallón o de regimiento disponían de solo unos instantes para tomar la decisión trascendental de pasar de una formación a otra, con mucha frecuencia durante la misma jornada de la batalla. Como consecuencia, las unidades asumieron de nuevo la autonomía táctica y los propios generales renunciaron a colocar la totalidad del ejército en una única formación lineal maniobrada geométricamente, como si fuera un mecanismo perfecto. La idea ilustrada de que una batalla era un hecho esencialmente racional, que podía planificarse y conducirse casi sobre la mesa, imponiendo así la propia disciplina al adversario gracias a la disciplina mecánica de la tropa, dio paso a una concepción diferente, en la que hoy nos reconocemos con más facilidad, que cuenta con la complejidad, los desacuerdos e incluso el azar, y considera la victoria más una acumulación de pequeños efectos secundarios, hábilmente provocados y aprovechados por un comandante lúcido, que la demostración impecable de un teorema.

El giro filosófico implícito en este nuevo concepto de batalla se hace evidente en una página memorable del teórico militar más importante de las guerras napoleónicas, el prusiano Karl von Clausewitz, en su tratado *De la guerra,* aparecido póstumamente en 1832:

¿En qué consiste hoy generalmente una gran batalla?

Se alinean grandes masas codo con codo y en profundidad. No se despliega más que una parte alícuota, relativamente pequeña, de la totalidad, y se deja que se agote en una lucha que consiste en un combate a fuego de varias horas, intercalado y movido, de una parte y de otra, por asaltos parciales, ataques a la bayoneta y cargas de caballería. Cuando esta parte alícuota ha ido agotando las energías y ya no le quedan más que avances de escaso rendimiento, se la retira y se la sustituye por otra.

La batalla procede así con una intensidad destructiva moderada, semejante a la pólvora húmeda al quemarse, y cuando la oscuridad de la noche obliga a cesar el combate, porque ninguna de las dos partes ve lo suficiente y no quiere arriesgarse a ciegas, se evalúa cuánto le queda al uno y al otro de las masas aún utilizables, es decir, que todavía no se han desmoralizado, como volcanes cuya fuerza eruptiva ha ido consumiéndose. Se evalúa también cuánto terreno se ha ganado o se ha perdido, y las condiciones de seguridad a la espalda; se suman estos resultados aislados a las impresiones aisladas de valor o de miedo, de sagacidad y de incapacidad, que se han creído advertir tanto en nuestras tropas como en las del adversario durante el combate.

De todo ello deriva una impresión total de la que procede la decisión de abandonar el campo de batalla o recomenzar la lucha a la mañana siguiente.

Esta descripción puede parecer contraria a la idea habitual que atribuye a Napoleón la búsqueda a toda costa de la batalla decisiva, entendida como un encuentro aniquilador que pretende la destrucción del ejército enemigo y, a ser posible, la inmediata conclusión victoriosa de la campaña. Es cierto que el emperador buscó ese resultado siempre que las condiciones se lo permitieron, pero también lo es que solo raras veces lo consiguió. En todo caso, muchas batallas napoleónicas resultaron decisivas porque los ejércitos enfrentados eran tan poderosos y era tanta la importancia concedida por ambas partes al resultado del combate, que la derrota convencía al gobierno enemigo de abrir un tratado de paz, pero, en realidad, fueron casi siempre batallas de desgaste. Muchos generales del siglo XIX se dejaron cegar por el mito napoleónico de la batalla de aniquilación, pero la realidad es que el combate napoleónico, tal como lo describe Clausewitz, constituye más bien un término de comparación, aunque a menor escala, para las batallas de desgaste que dominaron las guerras del siglo XX, cuando no para la moderna batalla de materiales, que se gana más por la superioridad del armamento y el aprovisionamiento que por la maniobra.

El uso de la artillería

La misma ambivalencia se encuentra en el último aspecto innovador de la táctica napoleónica que debemos tratar aquí:

el empleo ofensivo de la artillería. El emperador, él mismo oficial de artillería, atribuía una enorme importancia a los cañones y nunca dejó de aumentar su proporción en el ejército. Si en 1805 había dispuesto en Austerlitz setenta y tres mil hombres y 139 cañones, en 1815 tuvo sesenta y nueve mil hombres y 256 cañones en Waterloo. Las mejoras técnicas de la segunda mitad del siglo XVIII permitieron desplazar la artillería con una cierta rapidez, al menos en terreno abierto y seco; por tanto, era posible utilizarla no solo para la defensa, sino también para el ataque. El uso de conductores civiles se abandonó por completo, lo que significa que ya no era necesario separar las piezas de los avantrenes en las retaguardias del campo de batalla para luego llevarlas a mano hasta la posición, sino que se podía utilizar el remolque de caballos durante todo el combate y separar las piezas solo en las fases en que efectivamente se utilizaban. Pero, durante la batalla, la artillería podía acercarse hasta cuatro o cinco metros al enemigo, una distancia en todo caso prohibitiva para los mosquetes de la infantería, y abrir un fuego destructivo que minaba a los defensores, para abrir camino al ataque de las columnas de a pie.

En sí misma, la idea de un bombardeo preparatorio era extremadamente moderna y se ha empleado sin interrupciones hasta hoy, a pesar de los enormes cambios que ha experimentado el modo de hacer la guerra. Napoleón teorizó la oportunidad de concentrar el mayor número posible de cañones contra el sector del frente en el que quería lanzar el ataque decisivo, y también en esto demostró su originalidad, ya que la tendencia de los demás comandantes era distribuir equitativamente las baterías a lo largo del frente. Pero la artillería, limitada por un abastecimiento de munición demasiado voluminoso para durar hasta el infinito, no podía destruir la disposición del enemigo por sí misma, ni siquiera en un sector limitado, de manera que su función continuaba siendo el desgaste. Por tanto, también en este aspecto el fin último de la batalla napoleónica no era tanto lograr la destrucción total del ejército enemigo como desgastarlo lo suficiente para obligarlo a reconocerse derrotado y renunciar a la lucha.

La estrategia

La articulación interna de los ejércitos

Durante la época de las guerras revolucionarias y napoleónicas los Estados europeos se enzarzaron en una lucha mortal, que duró un cuarto de siglo, con connotaciones profundamente ideológicas, cuya apuesta se percibía en muchas ocasiones como la libertad e incluso la supervivencia de las naciones. Napoleón captó antes y mejor que nadie esta nueva realidad y extrajo las oportunas consecuencias. Ya carecía de sentido hacer la guerra para conquistar una provincia o para imponer un cambio de dinastía en un país más o menos importante; la guerra se hacía por la vida o por la muerte y, en consecuencia, debía conducirse sin la menor piedad y con un solo objetivo: la sumisión total del adversario. Napoleón sustituyó las guerras limitadas del Antiguo Régimen por la guerra total, que, en la medida de lo posible, debía ser también una guerra relámpago. Una sola campaña podía bastar para alcanzar el objetivo, con tal de buscar la solución del conflicto mediante una batalla decisiva, suficiente para quebrar la voluntad de resistencia del vencido.

En este contexto, no sorprende que los Estados de la época se prepararan para una movilización lo más amplia posible de su potencial humano, ni que las dimensiones de los ejércitos aumentaran de un modo notable. Naturalmente, cuando decimos que Francia estaba en condiciones de poner un millón de hombres en el campo, no queremos decir que todos ellos formaran un único ejército, cosa que habría sido absolutamente inconcebible y, desde luego, imposible de gestionar. Pero cada ejército individual, entendiendo con esto las fuerzas que un general comandaba directamente y que podían participar todas juntas en un solo día y en una misma batalla, aumentaron no menos notablemente. Una fuerza de setenta u ochenta mil hombres podía considerarse ya normal y hasta modesta. En Wagram (1809), Napoleón comandaba ciento setenta mil hombres y quinientos cañones, y en Leipzig (1813), incluso ciento noventa y cinco mil hombres y setecientos cañones.

La capacidad de mantener en campaña y maniobrar con eficacia tales multitudes representa el principal salto cualitativo de la estrategia napoleónica, que dependió de varias innovaciones, todas ellas ya en alguna medida en el ambiente de la segunda mitad del siglo XVIII, pero que Napoleón, como acostumbraba, consiguió desarrollar y sistematizar con una eficiencia genial. Ante todo, se trataba de estructurar los ejércitos introduciendo particiones que permitieran maniobrarlos como organismos articulados y no como un conjunto informe de innumerables batallones. Durante las guerras revolucionarias se generalizó el uso de la división, porque al comienzo de cada campaña el ejército estaba, efectivamente, «dividido» en organizaciones más pequeñas que comprendían un cierto número de batallones de infantería y baterías de artillería, por un total que variaba *grosso modo* de cinco mil a diez mil hombres con su propio general.

Este era ya un primer paso importante hacia una organización más flexible y manejable, pero con el posterior crecimiento de los ejércitos, Napoleón inventó un nuevo nivel organizativo, el cuerpo de ejército. Se trataba de una fuerza más amplia, capaz de contar con veinte o treinta mil hombres, es decir, comparable a todo un ejército del Antiguo Régimen, concebida a todos los efectos como un ejército autosuficiente, con su reserva de artillería pesada y su caballería, que, de ser necesario, podía sostener por sí solo una jornada de batalla. El principio esencial de la estrategia napoleónica era la interdependencia de los distintos cuerpos de ejército, que debían actuar como elementos de un todo orgánico y estar siempre listos para apoyarse unos a otros, sin dejar de ser autónomos en el plano de la organización y el abastecimiento.

La introducción de la división y del cuerpo de ejército representó una novedad decisiva, tan es así que este tipo de organización se utilizó después y se sigue utilizando hoy en día. Ahora bien, para apreciar plenamente las consecuencias de la conducción de la guerra conviene detenerse en otros factores. En primer lugar, en la época napoleónica tomó forma por primera vez el concepto de estado mayor, un equipo de oficiales que colaboraba con el comandante en la gestión de todos los aspectos prácticos, desde la transmisión de las órdenes hasta la elección de los caminos a recorrer, los lugares donde acuartelar las tropas y la puesta a punto de los almacenes y los convoyes. Los estados mayores napoleónicos eran todavía primitivos si los comparamos con el enorme desarrollo que conocerían en el siglo XIX, pero representaban un salto cualitativo desde el punto de vista de la eficiencia organizativa de un ejército. Cada comandante de cuerpo de ejército o de división disponía a su vez de un jefe de estado mayor, que se ocupaba de los aspectos administrativos dirigiendo un pequeño equipo de subordinados. De este modo, el comandante de un gran ejército podía transmitir rápidamente unas órdenes muy detalladas, distintas para cada parte alícuota de sus fuerzas, y gestionar los desplazamientos y los abastecimientos de un modo flexible, manteniendo al mismo tiempo todo controlado de una forma aún más estricta que los generales del *Ancien Régime* con sus pequeños ejércitos.

El movimiento

Estas innovaciones se revelaron más eficaces en los desplazamientos, que empezaron a convertirse en el auténtico secreto de la victoria. Los soldados de Napoleón decían que el emperador ganaba las campañas más con las piernas que con las bayonetas, y en cierta manera era así. Planificar una batalla suponía situar los distintos cuerpos de ejército en zonas diversas y alejadas unas de otras, y organizar su marcha de manera tal que al enemigo le costara entender de dónde podía llegar la amenaza, pero manteniéndose siempre en condiciones de reunir la mayor parte del ejército en el sitio decisivo y en el menor tiempo posible, para obligar al enemigo a aceptar la batalla en una situación desfavorable para él. Naturalmente, todo esto no habría sido posible sin los decisivos progresos que había hecho la cartografía en los últimos decenios del Antiguo Régimen, ya que los generales disponían ahora de mapas completos de las redes de carreteras, que no existían antes, y los estados mayores podían planificar desplazamientos complejos, maniobrando como a un solo organismo unas fuerzas diseminadas solo en apariencia en un vasto teatro de operaciones.

Se trataba del único modo de mantener en el campo ejércitos de ese tamaño, sin agotar demasiado pronto los recursos del territorio. En efecto, era imposible reunir a cientos de miles de hombres en una sola zona sin encontrarse enseguida con insuperables problemas de alojamiento, agua potable, leña y forraje para los caballos. El secreto estaba en obligarlos a marchar por zonas muy alejadas entre sí, aprovechando la red de carreteras para hacerlos converger en un mismo lugar justo en el momento de la batalla decisiva. En el verano de 1812, Napoleón entró en Rusia con medio millón de hombres, que cubrieron un frente de 400 kilómetros y que, aun así, marcharon todos como parte de un único organismo, con el principal objetivo de conducir a la mayor parte a presentar batalla al ejército ruso en un día concreto. «Las marchas son la guerra», sostenía el emperador, y el principio de que el secreto de la victoria consiste en reunir fuerzas numéricamente superiores allí donde el enemigo no se lo espera, con la rapidez suficiente para que no pueda preverlo, continúa siendo hasta hoy mismo uno de los pilares del arte de la guerra.

Persuadido de que la rapidez de los desplazamientos era esencial, Napoleón trató de emancipar cuanto pudo a sus ejércitos de la esclavitud de los almacenes y los convoyes, circunstancia que había limitado los movimientos en las guerras del Antiguo Régimen. Pero todo aquello no desapareció. Por el contrario, la preparación de una campaña preveía siempre, y a una escala incluso mayor, el montaje de inmensos depósitos de vituallas, munición, ropa y zapatos. Pero Napoleón quiso que sus ejércitos estuvieran en condiciones de vivir y combatir sin depender cotidianamente de los convoyes de abastecimiento, y recuperó la antigua práctica, que el civilizado siglo XVIII había intentado limitar, de que los soldados se alimentaran requisando in situ todo lo que necesitaban. Así, la guerra se convirtió en un flagelo espantosamente destructivo, y aunque las atrocidades contra la población no alcanzaron los niveles acostumbrados en los siglos XVI y XVII, el paso de un ejército volvió a dejar tras de sí un rastro de pobreza y destrucción; a cambio, el ritmo de las operaciones militares se aceleró enormemente. Un cuerpo de ejército francés podía recorrer ahora hasta 30 kilómetros al día, una velocidad que provocó durante todo el conflicto el pánico y la consternación entre sus adversarios. La guerra se había vuelto más móvil y más dinámica.

El ocaso de la guerra de asedio

En este contexto se sitúa también el redimensionamiento de los asedios que habían dominado la guerra hasta mediados del siglo XVIII, lo que se debió, por un lado, al progreso de la artillería de asedio, especialmente en piezas como los obuses y los morteros, que disparaban en parábola, de forma que superaban las defensas y explosionaban sus bombas dentro del espacio fortificado. Preparar las plazas fuertes con alojamientos y obras a prueba de bomba habría sido tan costoso que ningún gobierno de la época se empeñó en hacerlo, de modo que la mayor parte de las fortalezas quedaron obsoletas. Por el contrario, aún era posible defender una gran ciudad, porque sus dimensiones la protegían de los bombardeos de la artillería y, en efecto, durante las guerras revolucionarias y napoleónicas se produjeron algunos importantes asedios de ciudades, como el de Maguncia por parte de los franceses en 1794 o el de Badajoz por parte del duque de Wellington en 1812.

Pero el nuevo modo de combatir había vuelto obsoleta la idea misma de defender una ciudad introduciendo en ella una guarnición numerosa. La potencia de los ejércitos era tal que los capacitaba para ocupar los campos, dejando las fortalezas rodeadas por una parte de sus fuerzas, y conservar su capacidad de afrontar con éxito una batalla campal. Además, eran tan móviles que resultaba imposible prever con mucha anticipación qué plazas fuertes corrían el peligro de recibir un ataque; por tanto, quien quisiera confiar en las fortalezas para defender el país tendría que sacrificar una gran parte de sus fuerzas en las guarniciones, arriesgándose a plantar cara a la batalla decisiva con una insuficiencia de medios y de hombres. Todos acabaron por reconocer que el mejor modo de defender una ciudad, aunque fuera la capital, no era recluirse dentro de sus murallas, sino salir fuera y presentar batalla. Así, las medidas defensivas para poner una ciudad en condiciones de resistir un asedio eran el último recurso para quien ya había sido derrotado en el campo.

La guerra naval

La escasez de progresos puramente técnicos que caracterizó toda la época revolucionaria y napoleónica influyó también en la guerra naval. Las escuadras que se enfrentaron en Abukir y en Trafalgar estaban compuestas por naves muy parecidas a las que habían combatido en la guerra de los Siete Años, y en algunos casos se trataba de las mismas. El buque insignia de Nelson en Trafalgar, la *Victory,* se había botado en 1759. Las flotas continuaban formadas por grandes navíos de guerra con tres puentes, un número de cañones que oscilaba de los setenta a los cien y una tripulación de casi mil hombres, así como por veloces fragatas de cuarenta o cincuenta cañones, además de una multitud de naves menores como la corbeta y el bergantín. Mientras que las naves de línea alcanzaban un máximo de 8 o 9 nudos, las fragatas construidas en torno a 1800, gracias a un concepto cada vez más sofisticado del velamen, podían llegar a los 13 o los 14 nudos. Esta partición de las flotas respondía, como en tiempos pasados, a las necesidades de una estrategia naval que requería, por un lado, grandes escuadras de guerra capaces de aniquilar al enemigo y de mantener el control estratégico de todo un océano, y, por otro lado, una flota veloz y en condiciones de concretar ese dominio mediante el aprovechamiento de las redes de bases coloniales, el bloqueo de los puertos del enemigo y la interrupción de su tráfico comercial.

El aspecto más importante de la guerra naval durante la época napoleónica fue la evidente consolidación de la hegemonía británica. A lo largo del siglo XVIII, Inglaterra había superado ya a sus rivales tradicionales, Francia y España. Amplió su imperio colonial a costa de ellas, conquistó Canadá y estableció una red de bases en la India, en Centroamérica y en el Caribe, pero las flotas rivales, especialmente la francesa, todavía eran capaces de disputarle el dominio de los océanos. Numéricamente, la supremacía británica era indiscutible, pero no aplastante. Cuando estalló la Revolución Francesa, la flota inglesa tenía 153 naves en servicio, contra 86 francesas. Sin embargo, durante las guerras napoleónicas el gobierno británico invirtió enormes recursos en el armamento naval. En 1810, la Royal Navy tenía en servicio más de mil naves, de las cuales 243 en línea, y una tripulación de 142 000 marineros. En la misma fecha, la marina francesa, descuidada por Napoleón y agotada a causa de varias derrotas continuadas, era menos fuerte que veinte años antes. Al final de las guerras napoleónicas, el enorme crecimiento de la potencia naval inglesa y la decadencia de la francesa y la española permitieron que Inglaterra se adueñara de los océanos y conservara una supremacía indiscutible hasta comienzos del siglo XX.

Conclusión

Más allá de los aspectos estratégicos y tácticos, y de aquellos estrictamente técnicos, creemos adecuado concluir la descripción de las guerras revolucionarias y napoleónicas haciendo hincapié en el que constituye el aspecto más importante desde una perspectiva a largo plazo, y no solo de historia militar, sino también de historia de la civilización. Fue en esta época cuando la guerra se convirtió en una movilización masiva de los recursos humanos y económicos de un país, una lucha que con razón o sin ella se concebía a muerte, de la que se pensaba que dependían la libertad y la existencia misma de la nación. Algunas campañas napoleónicas, por ejemplo las que se hicieron en España entre 1808 y 1813, o la de Rusia de 1812, parecen auténticos laboratorios de conceptos que hoy nos resultan familiares, como la guerra popular, la guerrilla y la movilización fanática de los recursos nacionales contra el invasor. A nosotros nos es fácil advertir que a partir de entonces se mantuvo esa connotación totalitaria e ideológica a lo largo del siglo XIX, que tendría su culminación en las dos guerras mundiales del siglo XX. Para los países occidentales, la guerra solo comenzó a significar algo parcialmente distinto a partir de Corea y de Vietnam. Aunque el compromiso ideológico y propagandístico continúa siendo muy grande, desde mediados del siglo XX los países occidentales prefieren en general las guerras limitadas, cuyo objetivo no es ya la aniquilación del enemigo, porque se circunscriben concretamente, entre otras razones debido al peso de la opinión pública internacional. Este enfoque puede tener resultados desastrosos, como en el caso de la intervención estadounidense en Vietnam, o triunfales, como en el de la guerra inglesa en las Malvinas en 1982, o incluso ambiguos, como en el de la primera guerra del Golfo en 1991, pero no cabe duda de que ha sido el enfoque predominante hasta hoy.

En resumen, la impresión es que las guerras revolucionarias y napoleónicas inauguraron una fase histórica tan nueva como espantosa en lo relativo al papel de la guerra en la cultura occidental. Una fase culminada y concluida con la tragedia de la Segunda Guerra Mundial.

Por lo demás, los contemporáneos de Napoleón eran muy conscientes del giro histórico al que estaban asistiendo. Debido a lo cual, quizá no haya mejor modo de concluir este capítulo que citando de nuevo a Clausewitz:

> La audacia de Napoleón ha desbaratado los medios antiguos habituales, y se han liquidado de un solo golpe algunos Estados de primer orden. Los españoles han demostrado con su tenacidad en la lucha el poder de la toma de las armas nacionales y de los medios insurreccionales empleados a gran escala [...] Prusia ha probado en 1813 que los esfuerzos improvisados pueden sextu-

plicar, por medio de milicias, la fuerza ordinaria de un ejército, y que esas milicias pueden combatir tan bien en el país como al otro lado de las fronteras. En suma, todas estas cosas han demostrado la importancia que tienen para la fuerza de un Estado el corazón y el sentimiento de la nación, y, desde el momento en que todos los gobiernos se han dado cuenta de estos recursos, no podemos esperar que dejen de aprovecharlos en las guerras futuras, cuando se vea amenazada la existencia de sus estados o cuando ellos se vean motivados por una gran ambición.

Como en muchos otros casos, Clausewitz demuestra aquí su capacidad profética. Durante la época revolucionaria y napoleónica la guerra cambió por completo su significado para la vida de Occidente, aunque los mosquetes en las manos de los infantes o las naves que surcaban los océanos fueran todavía los mismos que en el Antiguo Régimen.

Cronología

1337-1453   guerra de los Cien Años
1346   batalla de Crécy
1356   batalla de Poitiers
1378-81   guerra de Chioggia
1389   batalla de Kosovo Polje
1396   batalla de Nicópolis
1410   batalla de Grunwald-Tannenberg
1415   batalla de Azincourt
1419-34   guerras husitas
1427   batalla de Maclodio
1429   batalla de Orléans
1448   batalla de Caravaggio
1453   conquista turca de Constantinopla
1454   paz de Lodi
1455-85   guerra de las Dos Rosas
1467-77   Carlos I el Temerario, duque de Borgoña
1476   batallas de Grandson y Morat
1477   batalla de Nancy
1485   batalla de Bosworth
1492   conquista española de Granada
1494-1559   guerras de Italia
1494   invasión de Italia por Carlos VIII

1495   batalla de Fornovo
1499   invasión de Italia por Luis XII
1503   batalla de Cerignola
1509   batalla de Agnadello
1512   batalla de Rávena
1513   batalla de Flodden
1515   batalla de Marignano
1519-56   Carlos V, emperador
1520-66   Solimán el Magnífico, sultán de Turquía
1524-25   guerra de los campesinos en Alemania
1525   batalla de Pavía
1526   batalla de Mohács
1527   saco de Roma
1529   asedio turco de Viena
1546-55   guerras de religión en Alemania
1547   batalla de Mühlberg
1557   batalla de San Quintín
1559   paz de Cateau-Cambrésis
1562-98   guerras de religión en Francia
1562   batalla de Dreux
1566-1609   revuelta antiespañola en los Países Bajos
1570-72   conquista turca de Chipre
1571   batalla de Lepanto
1588   expedición de la Armada Invencible
1588-1625   Mauricio de Nassau, *stadhouder* de las Provincias
    Unidas
1611-32   Gustavo II Adolfo, rey de Suecia
1618-48   guerra de los Treinta Años
1620   batalla de la Montaña Blanca
1627-28   asedio de La Rochelle
1631   saco de Magdeburgo, batalla de Breitenfeld
1632   batalla de Lützen
1634   batalla de Nördlingen, muerte de Wallenstein

1639   batalla de las Dunas
1642-46   Guerra Civil Inglesa
1643   batalla de Rocroi
1643-1715   Luis XIV, rey de Francia
1644   batalla de Marston Moor
1645   batalla de Naseby
1652-54   primera guerra naval entre Inglaterra y Holanda
1657-68   guerras de España con Portugal, Inglaterra y Francia
1658   muerte de Cromwell
1665-67   segunda guerra naval entre Inglaterra y Holanda
1669   conquista turca de Candia (Creta)
1672-78   guerra de Holanda
1683   asedio y batalla de Viena
1688-97   guerra de los Nueve Años o de la Liga de Augsburgo
1690   batalla de Boyne
1689-1725   Pedro I, el Gran zar de Rusia
1700-21   gran guerra del Norte
1702-14   guerra de Sucesión española
1704   batalla de Blenheim
1706   batalla de Turín
1709   batallas de Malplaquet y de Poltava
1733-38   guerra de Sucesión polaca
1740-86   Federico II el Grande, rey de Prusia
1740-48   guerra de Sucesión austriaca
1746   batalla de Culloden
1756-63   guerra de los Siete Años
1756   batalla de Plassey
1757   batallas de Kolin, Rossbach y Leuthen
1759   conquista inglesa de Canadá
1775-83   guerra de la Independencia americana
1781   batalla de Yorktown
1789-95   guerras de la Revolución Francesa
1792   batalla de Valmy

1796-1815   guerras napoleónicas
1798   batalla de Abukir
1800-1804   Napoleón, primer cónsul
1800   batalla de Marengo
1804-14, 1815   Napoleón, emperador
1805   batalla de Austerlitz
1806   batallas de Trafalgar y de Jena
1809   batalla de Wagram
1812   campaña de Rusia, batalla de Borodinó
1813   batalla de Leipzig
1815   batalla de Waterloo

Bibliografía

Capítulo 1

La mejor síntesis de la guerra en la Edad Media es la de PH. CONTAMINE, *La guerra en la Edad Media,* trad. Javier Faci, Labor, Barcelona, 1984, a la que se puede añadir el original enfoque de A. A. SETTIA, *Rapine, assedi, battaglie. La guerra nel Medioevo,* Roma-Bari, 2002. Para una panorámica más divulgativa, que amplía la mirada a la evolución posterior, cfr. F. CARDINI, *Quell'antica festa crudele. Guerra e cultura della guerra dall'età feudale alla Grande Rivoluzione,* Milán, 1982. La evolución del arte de la guerra a finales de la Edad Media, y sobre todo en la época de las guerras de Italia, es el tema de la obra clásica de P. PIERI, *Il Rinascimento e la crisi militare italiana,* Milán, 1952. Una síntesis más reciente es la de M. E. MALLETT, *Signori e mercenari. La guerra nell'Italia del Rinascimento,* Bolonia, 1983. Sobre la estructura organizativa de las compañías de fortuna y de los ejércitos, un tema fascinante por sus vínculos con la evolución de las instituciones y la sociedad, cfr. el artículo fundamental de M. DEL TREPPO, *Gli aspetti organizzativi, economici e sociali di una compagnia di ventura,* en «Rivista Storica Italiana», 85 (1973), pp. 253-75; M. E. MALLETT, *L'organizzazione militare di Venezia nel Quattrocento,* Roma, 1989, y la amplia investigación de M. N. CONVINI, *L'esercito del duca. Organizzazione militare e istituzione al tempo degli Sforza (1450-1480),* Roma, 1998.

Capítulo 2

Dos síntesis fundamentales abarcan el conjunto de los problemas tratados en este capítulo, J. R. HALE, *Guerra e società nell'Europa del Rinascimento (1450-1620)*, Roma-Bari, 1987, y G. PARKER, *La revolución militar: innovación militar y apogeo de occidente, 1500-1800*, trad. José Luis Gil Aristu, Alianza Editorial, Madrid, 2002. Una síntesis más breve, pero igualmente eficaz, es la de M. MALLETT, *The Art of War*, en *Handbook of European History 1400-1600. Late Middle Ages, Renaissance and Reformation*, vol. I, Leiden-Nueva York-Colonia, 1994, pp. 535-62. Para los aspectos tecnológicos resulta estimulante la lectura de C. M. CIPOLLA, *Cañones y velas*, trad. Gonzalo Pontón, Ariel, Barcelona, 1967. Sobre los progresos de las fortificaciones, véase una síntesis excelente en R. LUISI, *Scudi di pietra. I Castelli e l'arte della guerra tra Medioevo e Rinascimento*, Roma-Bari, 1996. Sobre la situación del soldado y su ideología, cfr. R. PUDDU, *Il soldato gentiluomo. Autorittrato d'una società guerriera: la Spagna del Cinquecento*, Bolonia, 1982. Ejemplos de análisis de la organización militar de los Estados italianos de la época son las obras de J. R. HALE, *L'organizzazione militare di Venezia nel Cinquecento*, Roma, 1990, y C. DE CONSOLI, *Al soldo del duca. L'amministrazione delle armate sabaude (1560-1630)*, Turín, 1999.

Capítulo 3

Sobre los ejércitos y la guerra en el Antiguo Régimen no existe una amplia bibliografía en italiano y, especialmente para las síntesis, hay que citar obras en inglés, por ejemplo, C. DUFFY, *The Military Experience in the Age of Reason*, Londres, 1987; M. S. ANDERSON, *War and Society in Europe of the Old Regime 1618-1789*, Londres, 1988; J. BLACK, *European Warfare 1660-1815*, Londres, 1994. Hasta hace poco la historiografía italiana no ha comenzado a interesarse por la historia de los ejércitos y de la guerra en la Edad Moderna, motivada por estudiosos como Walter Barberis y Claudio Donati;

cfr. en especial dos colecciones recientes de ensayos, *Eserciti e carriere militari nell'Italia moderna,* C. Donati (ed.), Milán, 1998, y *Storia d'Italia Einaudi, Annali 18: Guerra e pace,* W. Barberis (ed.), Turín, 2002. Entre los ejércitos italianos del Antiguo Régimen, el más estudiado es el de Saboya, cfr. W. BARBERIS, *Le armi del Principe. La tradizione militare sabauda,* Turín, 1998; S. LORIGA, *Soldati. L'istituzione militare nel Piemonte del Settecento,* Venecia, 1992; P. BIANCHI, *Onore e mestiere. Le riforme militari nel Piemonte del Settecento,* Turín, 2002.

Capítulo 4

El análisis más agudo de la guerra en la época de Napoleón es todavía el de un contemporáneo suyo, K. VON CLAUSEWITZ, *De la guerra: versión íntegra,* trad. Carlos Fortea, La Esfera de los Libros, Madrid, 2014. La síntesis descriptiva más importante y detallada es la de D. CHANDLER, *Las campañas de Napoleón. Un emperador en el campo de batalla de Tolón a Waterloo,* trads. Carlos y Francisco Fernández-Vitorio, La Esfera de los Libros, 2015. Sobre los ejércitos de la época napoleónica y sus relaciones con las distintas sociedades nacionales existe una amplia bibliografía internacional. En el caso italiano: F. DELLA PERUTA, *Esercito e società nell'Italia napoleonica,* Milán, 1988. Algunas obras recientes se proponen mostrar la realidad de la guerra vivida mediante la reconstrucción de una batalla; cfr. M. GIOANNINI, G. MASSOBRIO, *Marengo,* Milán, 2000, y A. BARBERO, *Waterloo. La última batalla de Napoleón,* trad. Juan Carlos Gentile, editorial Pasado y Presente, 2015.